# 量价逻辑

## ——形态、量能、分时的组合推演分析技术

飘 红/著

经济管理出版社
ECONOMY & MANAGEMENT PUBLISHING HOUSE

**图书在版编目（CIP）数据**

量价逻辑——形态、量能、分时的组合推演分析技术/飘红著.—北京：经济管理出版社，
2018.9

ISBN 978-7-5096-5984-7

Ⅰ.量… Ⅱ.①飘… Ⅲ.①股票交易 Ⅳ.①F830.91

中国版本图书馆 CIP 数据核字（2018）第 205597 号

组稿编辑：勇　生
责任编辑：王　聪
责任印制：黄章平
责任校对：赵天宇

出版发行：经济管理出版社
　　　　　（北京市海淀区北蜂窝 8 号中雅大厦 A 座 11 层　100038）
网　　址：www. E-mp. com. cn
电　　话：(010) 51915602
印　　刷：北京晨旭印刷厂
经　　销：新华书店
开　　本：720mm×1000mm/16
印　　张：18.5
字　　数：274 千字
版　　次：2018 年 11 月第 1 版　2018 年 11 月第 1 次印刷
书　　号：ISBN 978-7-5096-5984-7
定　　价：48.00 元

# 前　言

　　股票交易无外乎一买一卖，看似简单，买入的股票只可能有两种表现，要么上涨，要么下跌，这是否意味着在什么都不懂的情况下进行交易，我们将有50%的成功率？事实情况并非如此。纵观十余年的股市走向，我们会发现：股价起起落落、波动巨大，但真正能够实现整体式上涨的个股比例并不是很大。这也就意味着要想通过长线持股的方式实现资金整体增值，就需要精挑细选。对于绝大多数投资者来说，并不想通过太长的时间来检验一笔交易的正确性，因为时间成本过高，这也导致了短线交易技术的蓬勃发展。

　　但短线交易也绝非一件简单的事情，在股市整体向好、大小盘个股一齐上涨的时候，自然没有什么问题。可我们参与股市的目的是实现资金的不断增值，不会因一两笔交易的获利而离开，这也就直接导致了股市或个股下跌时，我们也在参与，而且往往是在重仓参与，最终倒亏。

　　股市有谚语"七亏二平一赚"，说的就是这个道理。投资者的交易成功率似乎也没有随着入市年龄的增长、经验的积累而得到提升，懂得技术方法虽然很多，如K线形态技术、盘口分析技术、主力跟踪技术、筹码形态技术以及各种各样的技术指标运用，但这些技术手段在实战运用时，不是实战性不强，就是买卖信号常常相互矛盾，束缚了我们的交易，没有提高成功率。

　　中短线交易中，我们应关注技术分析的本质。在证券市场中，价、量、时、空是进行技术分析的四大基本要素。价是价格走势，可以用日K线图描述其运行形态；时是指完成某个走势过程所经过的时间长短，通常是指一个波段或一个升降周期所经过的时间；空是涨跌空间，是指价格的升降所能够达到的幅度；量是成交量，是股票的交易量，它对应于价格走势，不能单独使用。

量价分析技术，正是将这四个基本要素完美融合的经典技术手段。但传统的量价分析方法只局限于讲解单一的量价形态，并没有揭示量价形态出现的原因、多空含义，也没有从时间轴的角度，前后连贯地分析某种量价形态出现时的具体情形。单独、具体的某种量价形态虽然有着相对固定的多空含义，但如果孤立地使用，而不结合个股走势情况以及其他盘面线索，往往就收不到好的效果，对于交易成功率的提升也将大打折扣。

本书正是在此基础上，提出一种全新的技术分析方法——推演式分析法。它是一种从时间轴的角度来预测价格走势的逻辑分析方法，在时间轴上，我们以量价形态为核心，以盘口形态、题材、大盘指数、板块等多种要素为辅助，以演绎式推理思路分析、判断并最终得出买卖结论。

之所以说它是"以时间流为线索"，是因为我们将时间点设定在个股的当前走势下，而不是通过观察它的后期走势来强硬地断定它将如何运行，这有利于分析思路的展开及分析能力的提升。这样，我们可以更好地检视自己分析中的漏洞，是思路错了，还是技术能力不够？通过不断完善、修正自己的分析思路，不断总结、积累更多的技术形态，我们的推演式分析法就会运用得更为纯熟，得出的结论也将更为准确。由于笔者经验、能力所限，书中的错误、纰漏之处，恳请指正！

# 目　录

## － 上篇　"推演式"分析基础 －

## 一中篇　单独形态实战进阶 一

— 下篇　推演式分析案例追踪 —

**第18章　案例1 逆市巨量突破 / 221**

# — 上篇 "推演式" 分析基础 —

推演式分析方法侧重于从时间流的角度来解读市场信息，是对多种技术分析手段的综合运用，这就要求投资者有一定的技术功底，仅仅掌握股票交易的一些基础常识是不够的，如果把技术分析能力划分为三个级别：基础入门、进阶提升、灵活运用，则本篇的内容可以视为进阶提升。

在这里，我们不涉及股票交易的基本概念、规则以及软件的使用方法，主要侧重于讲解一些技术分析方法的理念、价格走向的原因、市场行为的构成等，通过本篇内容，相信读者可以对技术分析法及股市运行有一个更好的理解，这样在继续阅读下一篇的具体形态时，我们才能更好地将其运用于实战之中。

# 第1章 推演式分析法简介

推演式分析法，从字面来理解，是推断、演绎的缩写，这也是它的实质内涵，这是一种综合"推断"与"演绎"的分析方法，推断是一个普通的说法，大多数的技术分析手段也是以推断的方式来进行预测的，在推演式分析法中，"演绎"占据着核心地位，也是我们下面将要重点介绍的内容。

## 1.1 归纳与演绎

何谓演绎？它是与归纳法相对应的。归纳与演绎是两种思维方法，它们有着截然不同的思维过程，无论是科学理论的形成与发展，还是我们日常生活中对于事件的理解，都离不开这两种思维。

从概念的角度来看，"归纳法是对观察、实验和调查所得的个别事实，概括出一般原理的一种思维方式和推理形式，其主要环节是归纳推理"。"演绎法与归纳法相反，是从一般性的前提出发，通过推导即'演绎'，得出具体陈述或个别结论的过程"。

（1）归纳推理的思路。

地球是球形的；

土星是球形的；

木星是球形的；

金星是球形的；

……

结论：所有围绕恒星公转的大质量星体都是球形的。

归纳法是从特殊到一般，优点是能体现众多事物的根本规律，且能体现事物的共性。缺点是容易犯不完全归纳的毛病。如果我们发现某个单独的星体围绕恒星公转，但却不是球形，那这个结论就犯了不完全归纳的毛病，是错误的。

（2）演绎推理的思路。

没有人能预知未来；

小明是人；

小明不能预知未来。

演绎法是从一般到特殊，优点是由定义根本规律等出发一步步递推，逻辑严密，结论可靠，且能体现事物的特性。缺点是缩小了范围，使根本规律的作用得不到充分的展现。本例中的根本规律就是"没有人能够预知未来"这个判断，这也是进行推论的大前提，如果大前提就是错的，那随后得出的结论自然也不可靠。

当然，在日常生活中，我们更需要了解这两种思维方式，而不是过于执着逻辑的严谨性与前提的不可反驳性，一般来说，只要大前提是一个公认的事实、较为普遍的规律，则我们就可以据此进行演绎式的推理。下面是一个有趣例子，它很好地体现了演绎分析方法的运用。

第一次世界大战期间，德军向法军猛烈进攻，法军为避其锐气、保存实力，采取隐藏战术，一时之间，德军丢失了攻击目标，不知道法军是撤退了，还是仍然留在阵地。一名德国军官用望远镜遥视法军阵地时，突然发现了前方阵地下方有一只名贵的波斯猫在慢慢爬出，随后懒洋洋地躺在那里晒太阳。于是德军军官据此判断出前方阵地必有法军指挥所。

推理过程如下。

第一步：

有名贵波斯猫的地方就有法军高级指挥官；

前方阵地有名贵的波斯猫；

所以，前方阵地有法军高级指挥官。

第二步：

有法军高级指挥官的阵地就有法军高级指挥所；

前方阵地有法军高级指挥官；

所以，前方阵地有法军高级指挥所。

这两步推论的大前提是"有名贵波斯猫的地方就有法军高级指挥官""有法军高级指挥官的阵地就有法军高级指挥所"。当然有特定的适用环境，那就是两军作战的前方战场。德国军官在当时的环境下做出这样的推论与判断，虽然未必一定正确，但不可否认的是，它是一个很有依据的结论，对于随后的作战有着重要指导作用。

对于演绎法，在一些侦探小说中比较常见，著名的小说人物大侦探家福尔摩斯就是运用演绎法的高手，他有充分的知识储备，当他找到线索，就会把头脑中的知识筛选一下，拿出能用到这里的一些逻辑，然后比对、推理、运算，得出一个不一定正确的结论，然后再通过进一步的调查来验证之前的推理是否正确，这就是演绎法。

## 1.2 通过案例了解推演式分析法

了解了归纳与演绎这两种思维之后，我们再回到股票交易技术中来。如同侦探小说的演绎式推理一样，股市技术分析中的推理所得出的结论也是或然性的，虽然未必正确，但却是一个大概率的事件，基于此，它是可以有效指导我们展开交易的。下面我们结合一个案例，简单了解推演式分析法的分析思路及预测方法。

图 1-1 为一汽轿车 2016 年 10 月 18 日分时图，左侧的日 K 线走势图中，我们将时间点截止到 2016 年 10 月 19 日，这样可以避免看到个股后期走势，

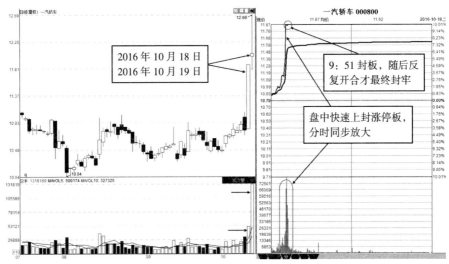

**图 1-1　一汽轿车 2016 年 10 月 18 日分时图**

从而做出先入为主、牵强附会的结论。

（注：本书的实战案例一般也采用这种截图法，这样既有利于推演式分析方法的展开，也有助于读者更好地理解、运用这一方法。）

个股早盘逐波冲高、10：30 上封涨停板，日 K 线图上呈突破低位整理区状态，这是一个启动信号吗？短线交易是买，还是逢高卖呢？对这两个问题的解答直接决定着交易方向。

在我们的交易思维中，往往有类似于这样的演绎推理过程。

（1）当盘面形态出现买入信号时可以买入；

低位区涨停突破形态是买入信号；

结论：一汽轿车可以短线买入。

这是一个关于"盘面形态买入信号"的演绎推理思路，依据这样的思路，投资者可能会追涨买入，特别是重视技术分析的短线交易者。但是，这是一个过于简单的推理，就如同小说中的侦探仅仅凭某一条线索就要断定凶手一样，虽然演绎推理的过程没有错，但却是极为片面、武断的，常常会得出错误结论。

"涨停突破形态"并不代表行情启动，也可以是假突破、真下跌，真正可靠、能够指导实战的推演式过程应是先综合多个演绎推理过程，再进一步比对分析，而上面只是简单的一个演绎推理过程。除此之外，我们要关注很多其他盘面要素，例如："大盘走势""板块或同类个股表现""分时形态""量价配合""题材支撑性"等。因而，我们还要有以下的演绎推理思路。

（2）对于大盘的演绎推理思路→当前大盘走势稳健才宜短线买股；

当前大盘走势稳健（注：当日及近期大盘走势较平稳）；

结论：当前可以短线买股。

（3）对于板块的演绎推理思路→有板块配合时个股短线上涨更强势；

一汽轿车没有板块配合（注：当日汽车板块并不强势）；

结论：一汽轿车短线上涨或不会强势。

（4）对于同类股的演绎推理思路→盘面形态强于同类股时短线上涨更强势；

一汽轿车盘面形态不强于同类股（注：盘中同时启动的还有一汽夏利，一汽夏利的分时图如图 1-2 所示）；

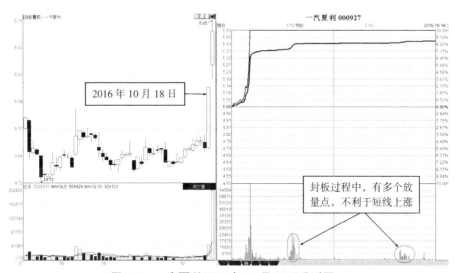

图 1-2 一汽夏利 2016 年 10 月 18 日分时图

结论：一汽轿车短线上涨或不会强势。

（5）对于题材的演绎推理思路→有明确热点题材的个股短线上涨更强势；

一汽轿车没有明确热点题材（注：一汽轿车与一汽夏利两只股有混改预期题材，但消息面不明朗，仅仅是市场预期，这并不是明确的热点题材）；

结论：一汽轿车短线或不会强势。

有了以上的推理思路，我们再回到盘面走势中继续分析，如图 1-1 和图 1-2 标注所示，一汽轿车与一汽夏利当日启动后几乎同时封板（都是 9：51），一汽夏利封板后没有再打开，但一汽轿车在随后两分钟内经历了开板、封板、开板、再封板的过程，日 K 线图上，两股都是低位突破，分时图上，一汽夏利则更为强势，这提示我们：就短线交易来说，一汽夏利或是更好的品种。

上面的五个推理思种同样可以用于分析一汽夏利的走势，思路（1）、思路（2）支持短线买入；思路（3）、思路（4）、思路（5）向我们提示了追涨风险，但它们并不是下跌信号，为了提升成功率，我们还需要有下面的推理思路。

（6）对于盘面形态的演绎推理思路→当盘面形态出现阻力信号时不宜追涨买入；

一汽夏利当日封板之后多次放量是阻力信号；

结论：一汽夏利短线不宜追涨。

（7）对于同类股的演绎推理思路→当同类强势股出现阻力信号时不宜再买其他股；

一汽夏利是同类强势股；

结论：不宜再买入同类股一汽轿车。

（8）对于盘面形态的演绎推理思路→当盘面形态出现卖出信号时应卖出；

若同期还出现了买入信号，则以卖出信号为主；

一汽夏利、一汽轿车次日均出现了卖出信号；

结论：两只个股短线操作应卖出。

有两个技术形态需要提及，一个是"一汽夏利当日封板之后多次放量"，这种板中放量的形态不利于个股短线上涨，其所预示的涨停板启动往往也是昙花一现；另一个是"涨停次日的脉冲式巨量"，这两只个股次日均放出了天量，由于这种放量效果无法持续，因而这会演变成为脉冲式巨量，而在技术分析中，这是一个短线卖股信号（本书后面的章节中会讲解）。

基于以上的分析思路及对盘面形态的解读，我们就会得出这样的结论：这两只个股的"涨停突破形态"并不是我们追涨买入的信号，持股者反而应逢高卖出，以规避短线回调风险。

上面的案例中，我们将推演式分析法的一些思路条理化、流程化，这是为了学习、理解的需要，在实际分析过程中，当然不用如此烦琐，而且，每一条分析思路都是建立在经验与总结的基础之上，随着我们实战经验的积累、知识技巧的提升，在分析具体案例时，就会有更多的推理演绎思路涌现，以帮助我们更好地揭示市场，预测价格走向。

# 1.3　推演式分析法原理

通过前面的讲解，我们大致了解了推演式分析这种看似独特却又合情合理的技术分析方法。

说它看似独特，是因为这种分析方法与市面上大多数局限于某种形态、某个领域的技术分析方法并不相同，推演式分析法更像是一种"综合"，但并非是杂乱无章的组合，它不仅运用了多种技术手段，而且通过演绎式的分析流程来组合它们，让这些技术手段可以逻辑有序地发挥自身功用。

说它合情合理，因为这种分析方法并没有技术分析，它又不是单独地局限于技术分析领域中，比如：上面的案例中，我们还考查板块、同类股、题材、大盘等几个要素，这几个要素将个股走势放在了市场整体中、局部环境中，还结合了消息面因素，其实，在很多时候，个股的走势绝不是单独的技术分析能够解释的，消息、题材，甚至大盘，都对个股有着很强的影响力，脱离了这些因素的单独分析，有如盲人摸象，即使最终得出了结论，也只是一种准确率很低的猜测，并不是真正意义上的预测。

综上分析，笔者对推演式分析法给出了这样的定义，以供参考：推演式分析法是一种以时间流为线索，以盘面形态、题材、大盘指数、板块等多种要素及技术手段为依据，以演绎式推理思路来分析、判断并最终得出买卖结论的一种逻辑分析方法。

之所以说它是"以时间流为线索"，是因为我们将时间点设定在个股的当前走势下，而不是通过观察它的后期走势来强硬地断定它将会如何运行，这有利于分析思路的展开及分析能力的提升，虽然我们可能得出错误的结论，但通过错误的结论，我们可以更好地检视自己分析中的漏洞，是思路错了，还是技术能力不够？通过不断完善、修正自己的分析思路，不断总结、积累更多的技术形态，我们的推演式分析法就会运用得更为纯熟，得出的结论也将更为准确。

# 第2章　K线分析思路解读

K线也被称为蜡烛线、日本线、阴阳烛、棒线、酒井线等，它起源于300多年前的日本，是用于记录米价涨跌的一种图表，1990年，美国人史蒂夫·尼森以《阴线阳线》一书向西方金融界引进"日本K线图"，立即引起轰动，史蒂夫·尼森因此被西方金融界誉为"K线之父"，因为英文candle（蜡烛）发"k"音，故称为K线图。

K线具有东方人所擅长的形象思维特点，没有西方用演绎法得出的技术指标那样定量，可以向我们清晰、直观地呈现价格走势，帮助我们了解价格波动的过程。本节中，我们从单根K线构成讲起，看看如何利用K线的实体、影线、相互位置关系等来分析多空力量变化。

## 2.1　实体与影线的内涵

图2-1为单根K线的构成示意图，对于单根K线来说，实体与影线的长度是了解其多空信息的关键，实体的长短表明多方或空方在当日盘中取得的战果，影线的长短则呈现了多空双方在盘中的交锋过程。

以阳线为例，如果实体较长，表明多方在当日取得的战果较为明显，但我们也要关注实体的形成方式，一般来说，实体的形成方式应该有一个明显的过程，不是因股价突发式跳动导致的，例如：收盘前的快速上扬。

影线的长短表明了多空交锋的激烈程度，长上影线的出现往往是多方于

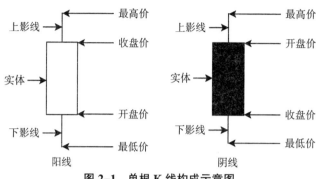

图 2-1　单根 K 线构成示意图

盘中大力推升，但遇到了空方的打压；长下影线的出现多缘于空方的主动抛售力度较大，但于盘中获得了多方的承接。

单根 K 线虽然含有多空信息，但是，在脱离局部价格走势的情况下，是没有任何意义的。以长下影线为例，同样的形态，当它出现在短线大跌之后，它反映的关键信息是空方的抛售获得了较强的承接，是买盘入场的信号，多预示着反弹；而当其出现在短线大涨之后，所反映的关键信息则是空方抛压剧增、主动抛售意愿较强，虽然盘中获得了多方承接，但对买盘的消耗较大，多预示着下跌。因而，我们一定要结合股价运行情况来分析单根 K 线形态。

下面结合一个案例来看看实战中如何利用单根 K 线形态预测价格走向。图 2-2 为华中数控 2017 年 4~6 月走势图，在图 2-2 中标注的位置点，个股跳空突破且当日收阳，由于个股之前处于低位区的企稳整理走势中，这一跳空突破似乎是一波上攻行情展开的信号，但当日的 K 线呈长上影线、短实体的特征，长长的上影线表明空方盘中的抛售力度大，多方遇阻明显，短短的阳线实体意味着多方胜果很小。

在 K 线理论中，这一形态称之为"流星线"，多出现在短线高点，它制约着上攻行情的展开，因而，操作中，就短线交易来说，不宜追涨买入。

单根 K 线还有很多实战性强、特征鲜明的形态，例如：锤子线、长阳线、长阴线、螺旋桨、出水芙蓉、铡刀线等，但它们市场含义的解读都离不开影线与实体的长度以及出现的位置点，在随后的实战讲解中，我们会结合

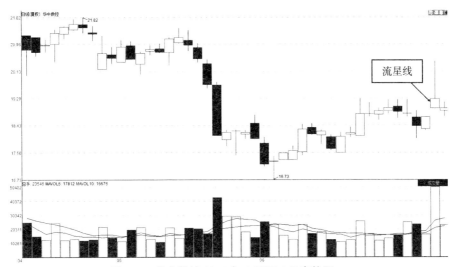

流星线

图 2-2　华中数控 2017 年 4 月至 6 月走势图

案例中出现的典型形态进一步解读。

# 2.2　两根 K 线的位置关系

　　单根 K 线的重点是自身的影线与实体，而两根 K 线还需关注它们之间的相互位置关系。对于两根 K 线来说，首先设定一个参照系，这就是两根 K 线中的第一根 K 线，我们可以将其依多空力量的强弱性划分为五个区域，如图 2-3 所示。

　　在图 2-3 中，从区域 1 到区域 5 是多方力量变弱、空方力量变强的过程。在两根 K 线组合中，第一根 K 线是判断行情的基础，而第二根 K 线是判断行情的关键，一般来说，这两根 K 线所包含的市场信息就体现在它们的相对位置及阴阳情况上，如图 2-4 所示。

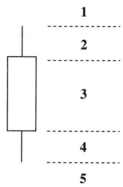

图 2-3　单根 K 线多空区域划分示意图

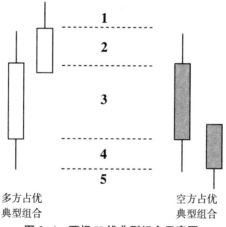

多方占优　　　　　　　　空方占优
典型组合　　　　　　　　典型组合

图 2-4　两根 K 线典型组合示意图

　　图 2-4 中左侧为典型的多方占优组合，它的两根 K 线均为阳线，且第二根 K 线位于更上方的区域，从图 2-3 中可知，这是多方力量更强的区域；与之相反，典型的空方占优组合由两根阴线构成，且第二根阴线位于更下方区域。简单来说，对于两根 K 线的位置关系，可以这样理解：如果第二个交易日中多空双方密集交投的区域越高，则上涨倾向更强；反之，如果第二个交易日中多空双方密集交投区域越低，则下跌倾向更强。

　　对于双日 K 组合来说，如果局部价格走势相对平稳，处于震荡之中，则可根据上面的方法预示短线方向；但是，如果价格短线涨跌幅度较大，则第二根K线的"方向"也是至关重要的，它往往代表着多空力量的快速转变，是短线转向信号。所谓的"方向"，即股价的盘中运行方向，例如：高开低走，则为方向向下；低走高开，则为方向向上；横向窄幅波动，则为方向不明确。

# 2.3  经典K线技术介绍

经典K线分析理论，主要是运用一些较为经典的K线形态来预测股价走向，既包括预测短期走向的局部K线组合，也包括预测趋势的整体K线形态。

局部K线组合形态，简称为组合K线，一般来说，它由至少两根K线组合而成，一些特定形态的K线组合蕴含了相对固定的多空信息，可以帮助我们预测价格短期走向。

组合K线形态多种多样，常见的上涨组合有待入线、看涨抱线、阳孕线、红三兵、多方炮、希望之星、上涨N字形等；常见的下跌组合有破位线、乌云盖顶、乌云飘来、看跌抱线、阴孕线、黑三鸦、空方炮、黄昏之星、下降N字形等。

与组合K线相对应的就是整体K线形态，它是个股在较长一段时间内运行轨迹的抽象化，主要用于呈现趋势运行情况，例如，常见的顶部形态有：头肩顶、圆弧顶、双重顶、三重顶、尖顶等；常见的底部形态有：头肩底、圆弧底、双重底、三重底、V形底等。

下面我们结合前面讲到的两根K线位置关系，来看一个双日K线组合的实战案例。

图2-5为深物业A 2017年4月13日分时图，图中左侧标注的两根K线组合的形态特征十分鲜明，它称为乌云盖顶（Dark Cloud Cover），出现在一波涨势之中（即出现这个形态之前的趋势是上涨的），由一根大阳线和一根高开低走的大阴线组合而成，且大阴线深入到大阳线实体之内。

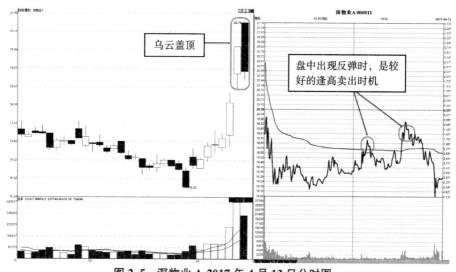

**图2-5　深物业 A 2017 年 4 月 13 日分时图**

　　这是一种典型的双日看跌组合，高开低走的大阴线就是一个方向"转变"的信号，再结合股价正处于短线高点、短线抛压增强，当出现这种明确的方向选择信号时，一波下跌走势出现的概率明确加大，应短线卖出。对于此股来说，当日盘中出现的无量反弹就是最佳卖出时机，此时，当日的高开低走"方向"已明确，盘中的小幅上冲只宜看作反弹，而不是反转。

　　组合 K 线与整体 K 线属于经典 K 线分析理论，在面对波动不定、纷繁复杂的个股时，由于出现频率较低且个股运行形态与经典形态常相差较大，这使得其往往难以发挥其功效，这些经典形态可以作为知识储备，作为分析预测的一个依据，实战中，由于个股走势的差异，更应结合量价变化来具体分析。

# 2.4　K 线模式是实战关键

　　K 线模式，是笔者多年来实战经验的总结，它是利用 K 线的整体运动方式、结合股价的位置区间来把握股价中线方向的一种分析方法。不同的 K 线模式所呈现的涨跌信息不同，蕴含的涨跌空间大小不一，在实施量价交易时，如果我们能够更好地理解 K 线模式对个股涨跌潜力的反映，那么在操作上就可以取得更好的效果。

"K 线模式"是一个较为抽象的概念，但是通过它的具体表现形式，这个概念很容易理解，一般来说，常见的 K 线模式有窄幅整理模式、震荡盘升模式、重心下移模式、箱体宽振模式、反弹模式、回调模式、假突破模式、N 字回落模式、台阶攀升模式等。这些模式是建立在大量个股走势的共性基础之上，每一种模式蕴含了相对固定的涨跌信息，在中短线操作上，我们可以结合这些模式展开，也可以在结合模式的基础上，通过启动信号来把握最佳入场时机。

例如，"窄幅整理模式"就是一种常见的股价运行轨迹，它常见于市场成交清淡的低位区间，走出这种模式的个股有很多，虽然它是中线向上的一种预示，但是，一些个股可能长期蛰伏于低位，一些个股却能强势启动，本着股市交易最佳时间收益比的原则，此时，我们不妨结合大阳线的突破启动信号或者是涨停板的突破启动信号来把握入场时机。下面我们结合案例来看看如何利用 K 线模式展开操作。

图 2-6 为强生控股 2016 年 7 月至 2017 年 4 月走势图，从图中画出的虚线可见，股价重心在不断下移，这就是重心下移的 K 线模式，一旦个股出现了这种运行模式，多预示着其将呈现"易跌难涨"的运行格局，操作上，这些个股并不宜中线布局，只宜在短线快速下跌之后、处于短期超跌状态时，博取反弹收益，由于反弹操作的风险相对更大，因而应轻仓参与。

图 2-7 为中天金融 2017 年 3 月至 7 月走势图，此股在低位区 6.2 元区间出现了窄幅整理的 K 线模式，这既是企稳回升的信号，也往往会成为趋势转向的信号，如图标注，一波强势上涨使得个股向上突破了窄幅整理区，这就是一个启动信号，但由于行情刚启动时必然引发较强的多空分歧，在没有重大利好的情况下，个股很难出现连续上攻的走势；因而，操作上，并不宜追涨买入，可以继续观察。

图 2-6　强生控股 2016 年 7 月至 2017 年 4 月走势图

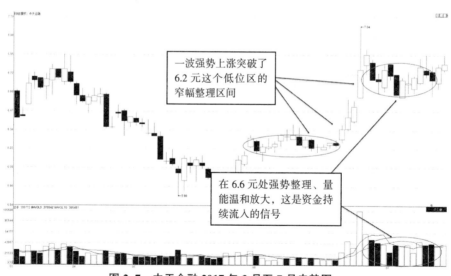

图 2-7　中天金融 2017 年 3 月至 7 月走势图

　　随后，个股在 6.6 元附近强势整理，且期间量能温和放大，这是资金持续流入的信号，由于此时的涨幅较小，行情启动信号又较为明确，因而，这个强势整理区间就是较好的中短线入场时机。

通过本例可以看出，在结合 K 线模式的基础之上，运用量价展开分析，我们的操作就会更为主动，目的性也更明确，而且，这能大大提高我们交易的成功率。但是，在股市中没有万能的适用法则，一些看涨的 K 线模式，也可能因为不适宜的市场环境或是市场风格的转换，而走出与预期不符的方向，因而，在买入个股后，我们还要实时观察、分析，一旦发现对模式的判断、预测出现失误，应在第一时间及时纠正，把主动权牢牢掌握在自己手中。

# 第 3 章　成交量分析思路解读

成交量技术，其实也就是我们常说的量价技术，任何技术分析方法都要围绕价格走势展开，而这种技术除了价格走势外，成交量是核心要素，故也称之为成交量技术。很多投资者善于分析 K 线形态，熟知很多组合形态，但是在实战运用中往往遇到这样的情形：

相同的 K 线组合形态能够演绎出完全不同的后期走向。这样的情形其实并不难理解，价格走势只是一种表象，它的运行轨迹反映了多空力量变化，这是在多空交锋较为趋和的背景下才成立的，当多空双方的交锋力度改变、交锋规模改变，此时的价格轨迹或许仍旧相同，但所蕴含的多空信息却已完全改变，而这正是量价技术要揭示的。

成熟的技术分析方法中，在技术分析要素中，"价"与"量"是不可分割的一个整体，价格走势是外在显现，量能则是驱动力，只有当驱动与价格运行正确匹配、融合配合时，我们才能更为准确地预测价格发展方向。在学习具体的量价形态之前，我们首先要对成交量有一个更深入的认识，对量价技术的分析思路有一个大致了解，这就是本章要完成的任务。

## 3.1　成交量深层市场含义

成交量绝非仅仅是市场交易量的体现，同样一个事物，如果我们把视角放开、尝试从不同角度来理解它，往往能够加深对其认识，理解成交量的方法也类似，一般来说，我们可以从多空交锋力度、市场的元气、动力与方向、主力市场行为、价格走势先兆等几个角度来理解。

1. 成交量体现了多空双方的交锋力度

成交量最简单、最直接地体现出了多空双方的交锋规模，如果把多空双方的交战比作一场战役的话，那成交量的大小就可以看作是多方或空方投入的兵力多少，小打小闹的交锋与大规模的交战绝不是一回事，它们的含义也是不尽相同的。

在分析多空双方交战激烈的时候，我们一定要结合价格走势来做综合分析，从广义的角度来看，虽然放大的量能表明买卖盘交投活跃、缩小的量能表明买卖盘不是很积极，量能的大小程度体现了相同规模的交锋力度，但是当个股处于趋势运行的不同阶段时，这些看似相同的信息往往代表了截然不同的市场含义，比如：缩量上涨出现个股刚刚处于爬坡阶段时，说明市场做多气氛较浓、是空方力量不足的表现，但是当同样的缩量形态出现在个股大幅上涨之后，则说明买盘跟进不积极，是趋势即将转势的信号。

2. 成交量是市场元气所在

美国著名的投资专家格兰维尔曾经说过，"成交量是股票的元气，而股价是成交量的反映罢了，成交量的变化，是股价变化的前兆"。

成交量表示了市场中参与者的多寡程度，在交投清淡的市场中是很难进行投机的，也可以这样说，成交量是股市的元气，持续活跃的成交量带来的是持续活跃的资金流，没有一定的成交量保证，股票市场便犹如一潭死水，很难拍打出激动人心的浪花。

高位区的股票未必一定没有人气，低位区的股票也未必一定能获得市场关注，在股票的某一价格区间、某一段时间内，它的成交量直接地反映出买卖双方在这个点位对股票价格的认可程度。当然，这种认可程度会随着市场总体环境、突发消息等因素而改变，这就解释了为什么一只股票在很高的价格区间内会有那么多人进行买卖，这是因为这时主导人们进行交投的因素不是这只个股是否值这个价，而是个股的上涨激发了投资者的做多热情，良好的股性吸引了短线交易者的参与。

### 3. 成交量是动力与方向的体现

价格走势仅仅是多空双方交锋结果的体现，推动价格持续上涨的内因自然是多方力量的不断增强，而多方力量的不断增强又体现为量能形态的不断放大，量价分析的实质就是动力与方向的分析，价格走势是方向，成交量则是动力。"众人拾柴火焰高"，表示上涨势头仍在延续；如价格在上升，但成交量却在缩小，这意味着升势已到了"曲高和寡"的地步，是大市回头的征兆；反过来，价位下跌，而成交量大增，"墙倒众人推"，显示跌势风云初起；价位续跌，但成交量越缩越小，反映出跌势已差不多无人敢跟了，这是大市掉头的信号。

虽然从长线的角度来看，价格走势围绕着价值波动，但是就中短期而言，个股的走势更多地缘于二级市场的资金推动力，是市场本身的买卖活动决定的。一轮上涨行情的出现缘于不断涌入的买盘推动所致，当价格持续上涨时，势必使更多的投资者有获利出局的愿望，这时能推动价格持续上涨且站稳于高位的关键就是：是否有足够的买盘资金来承接这些获利抛盘且再度推升价格上涨，可以看出，常态下，股价的不断上升应以不断放大的量能作为支撑，这既是量价分析的一般性原理，也是成交量作为一轮行情基础的原因所在。

### 4. 成交量体现了主力的市场行为

主力资金是一个相对笼统的称呼，它主要用于指那些实力强大、对个股走势更有影响力的大资金，主力对市场的判断往往更为准确。对于散户投资者来说，虽然数量庞大，但买卖行为过于分散，无法形成合力，只是作为市场的参与者，对个股走势的影响力一般较小。我们常常会看到一些个股在题材的驱动下而强势上涨，脱颖而出，这往往就是市场游资或机构资金追逐的结果，也就是我们常说的主力资金的参与。

一只股票在二级市场中的流通筹码是有限的，主力进出个股时的资金量较大，将改变股票的原有供求关系，势必会引发盘面形态、量价形态的变化，此时的量能放大与缩小就是主力行为的很好体现。例如：对于低位区的个股，若主力开始介入这只个股，在建仓时要买入大量的筹码，若没有一定的量能放大是难以满足主力吸筹要求的。主力的市场行为可以细分为吸筹、拉升、震荡整理、拔高、出货等环节，不同的市场行为往往对应着不同的量价形态，因而，通过量价形态，我们更进一步地分析主力行为，把握价格走向。

5. 量价变化是价格走势的先兆

通过成交量我们可以提前预知个股未来走势，这恐怕也是成交量最有吸引力的地方。

"量在价先"这四个字准确、直接地揭示出了成交量的重要作用，这也是量价分析方法的概括总结，即成交量的变化可以提前预示价格走向。

成交量之所以可以提前反映个股的未来走势，是因为不同的成交量形态往往会反映出截然不同的市场信息，成交量的放大或缩小都蕴含了一定的市场含义，不同的量能形态也是我们解读市场多空双方实力转变的关键所在，通过成交量形态，我们可以更好地了解到多方的力量是否充足？空方的抛压是否沉重？多方力量是否由于在短期内的过度释放而暂时不足？通过这些成交量形态我们可以获取有用的市场信息、关于主力行为的信息等内容，只要准确地把握住这些内容，我们就可以通过成交量形态提前预知个股未来走势。

# 3.2 如何分析放量与缩量

聪明的猎人可以从细微的踪迹中来寻找它所要捕捉的猎物，同样，经验丰富的投资者也一样可以从量能的变化形态中解读出深刻的市场含义。

从广义来讲，成交量的变化方式虽然只有两种：放大、缩小，但由于量能缩放的方式不同，从而导致具体的缩放量形态也是种类繁多、不胜枚举。在分析放量或缩量形态时，为了得出更为准确的结论，以下几点值得关注：

1. 结合股价走势来分析

单纯地分析成交量放大或缩小，并没有实际意义，也不会向我们提供任何多空信息。"量价分析"的本质就是将"量"与"价"相组合，从而呈现出具体的量价形态，这才是蕴含着一定多空信息的技术形态。在结合价格走势分析时，我们不仅要关注价格的中长期运行情况，更要关注价格的短期运行情况。

例如，对于价格中长期运行来说，我们要关注趋势行进情况是处于升势中，还是跌势中，或是横向震荡之中？是处于急速上攻波段，还是处于缓慢缓升格局中？对于短期运行来说，我们要关注股价是在波段高点还是在波段低点？不同的趋势背景、不同的短线位置，我们对于量能形态的解读也是不尽相同的，价格走势是我们利用量能形态预测股价走向的基础，也是控制仓增减的关键。

2. 结合消息面来分析

在很多时候，消息面的因素直接引发了放量。股票市场对于消息极为敏感，消息可能引发题材行情，促成一轮大涨，也可能只会引发短暂的波动。当消息面出现时，股价常伴以剧烈的波动，从而引发较强的多空分歧、造成放量。此时，除了放量的形态特征外，我们还要关注消息的性质，只有两者更好地结合起来，才能把握机会、规避风险。

一些利好消息对个股的影响只是偶然的、短暂的，此时出现的放量上涨甚至是放量突破往往难以持续，若贸然追涨入场，则可能高位被套；一些利好消息则反映了企业的盈利能力开始提升、具有持续性，此时出现的放量上涨或突破，或预示着中线行情的来临。

3. 结合缩放量幅度来分析

"涨时放量，跌时缩量"是常态运行下的量价配合关系，但是，这只是一种笼统的说法，并没有指出量能的缩放幅度，同样的上涨走势，不同的放量幅度蕴含着不同的多空信息，一些相对平稳的放量往往对上涨走势有更强的支撑力，而幅度过大的巨量由于持续性较差、常会引发股价的大幅回落；同样是缩量形态，也要结合之前的量能大小来比对缩量程度，这样才能准确解读相应的市场信息。

"缩放量幅度"也是划分各种不同成交量形态的核心要素,例如:"相对缩量""极度缩量"这两种形态就是以成交量的缩小程度来区分的。实战中,对于放量幅度的把握更为常用,一般来说,放量幅度在 2 倍左右时,是较为温和的放量,价格走势沿着原有方向行进惯性会更强一些;而放量幅度超过 3 倍时,则是相对剧烈的放量,易引发价格走势的转折,也是短线操作中应关注的重点。

**4. 从主力的市场行为来分析**

查看个股的走势就会发现,相似的 K 线历史形态可能演变出完全不同的后期运行轨迹,如果我们再进一步观察就会发现,个股的 K 线历史形态虽然相似,但它们的量价配合却并不相同,这正是盘面上向我们发出的提示信号,而主力的市场行为就隐藏在这些量价形态中,而不是 K 线形态下。

例如:对于盘整震荡之后出现的突破点,相对温和的放量与巨幅放大的量能蕴含着完全不同的市场信息,温和的放量多表明市场浮筹的获利抛压较轻,而这正是主力资金或在震荡区积极买入后锁仓的信号,这种量价下的突破也往往更为可靠,在短线交易中,可以作为我们是否追涨的重要依据;反之,此时若出现巨量形态,则表明中短线获利抛压极重,这也正反映了或不存在实力较强的主力资金,或者主力的持筹数量极少,对个股走势不构成影响,参与这类个股的短线追涨交易,无疑要面临着更大的风险。

以上只是一个简单模型下的介绍,通过主力的市场行为,我们可以更进一步理解量价形态的出现原因,进而在预测股价走向时有一个更好的推断。由于个股走势千变万化、极具独立性,因而,过于简单的模型化走势只宜当作我们进一步学习、分析的基础,实战之中不宜盲目套用,更应结合个股的独立性与大盘同期的市场环境来综合分析,这样才可能得到更为可靠的结论。

**5. 关注持续运行中的"量变"**

所谓的持续运行,是指相对平稳且方向明确的价格走势,例如:缓慢但持续地下跌、缓慢但持续地上涨、波动幅度相对较窄的横向整理等,这种价格走势表明多空力量对比状态相对明确，运行状态一般不容易出现改变，此时，若量能形态不出现明显的变化，一般我们仍要依据趋势的理念实施顺势交易，而不是主观地臆断价格走势的变化。例如：在持续下跌走势，若成交量始终保持相对缩量状态、未见明显变化，即使中短线已经跌幅较大，此时也不宜抄底入场、博取反弹，但是，若成交量出现的突然放大，这往往就是短线走向将要改变的信号，结合股价的波动运行情况，或可以展开抄底操作。

在上涨的市场环境下，短线的风险较小，一些投资者往往更关注机会而忽略了风险，在实施交易时也不会过多关注是否出现了量能变化，但如果市场环境发生了改变，这样的操作则蕴含着极大的风险，关注"量变"的重要性，是我们在弱市环境下进行交易的关键，也直接决定着短线的成功率。

6. 结合其他盘面信息展开交易

一些量价形态蕴含着上涨信息，一些量价形态蕴含着下跌信息，正确地识别这些形态组合直接决定着短线的成功率。但是，这些蕴含着涨跌信息的量价形态只是个股上涨或下跌的充分而非必要条件，依据这些形态可以展开交易，但这些量价形态不出现时，个股仍有可能出现中短线大幅波动，对于短线交易来说，仅仅依靠量价来把握机会、规避风险是远远不够的，在很多时候也难以把握最佳的买卖点，此时，我们需要结合其他的技术分析方法，例如：分时图形态、题材因素等，以此作为量价分析方法的有益补充。

# 3.3  常见放量形态简介

中短线交易中，局部量价形态对于我们的操作更有指导意义，本书在不做特殊说明的情况下，所讲解的放量或缩量形态都是从局部的角度来分析的，这些量价形态有着较为鲜明的特征，在结合价格走势的基础上，可以很好地帮助我们把握股价走向。常见的放量形态主要有：温和式放量、连续式巨量、递增式放量、单（双）日凸量、山峰式放量、间隔式放量等几种形态，本节中，我们只做简单介绍，下一篇中将结合案例单独讲解。

1. 温和式放量

温和式放量是指成交量相对前期出现了较为温和的放大，放量效果一般是前期均量的 2 倍左右，这种量能形态说明多空双方交锋较为活跃，它的持续时间相对较长，当其出现在股价具有转折性的位置点时，实战意义突出，往往孕育着新一轮价格走势的选择。

2. 连续式巨量

连续式巨量，也称之为连续式放量，是指成交量连续多日（至少三个交易日）大幅度放出，放量幅度一般是此前均量的 3 倍以上，且多日的放量效果较为相近。

连续式巨量是多空双方交锋异常激烈的表现，由于买卖盘交锋力度大，常伴以股价的剧烈波动。连续式巨量上涨形态的市场实战性较强，对于低位区的个股来说，这有利于激活个股的股性，由于上下波动幅度的加大，会蕴含着较好的短线机会，但如果贸然追涨买入的话，则短线风险同样不可小觑。

实盘中，连续式巨量上涨常与题材相伴，此时，我们不仅要观察量能形态，同样要结合题材热度，这样才能更好地把握连续式巨量出现后的价格走向。

3. 递增式放量

递增成交量是一种较为特殊的局部量能形态，它是指个股在连续数个交易日内呈现出了逐级放大的形态，即"后一交易日量能略大于前一交易日"，但在实盘中，我们也不必过于严格，一般来说，只要个股在局部走势中，其5 日均量线呈现出了持续上扬的形态，我们就可以认为这种局部量能形态属于递增式放量。

递增式放量上涨的量价形态有较强的实战性，它体现了买盘加速介入（或卖盘加速抛出）这一情况，在短线的上涨中，虽然成交量不断放大、上涨力不断增强，但是，不断放大的量能对于买盘的消耗力度也是越来越大，正是加速入场的买盘才得以推升价格上扬，但是，若买盘入场力度开始减弱，由于短线高点的抛压较大，回落走势或将出现。

一般来讲，当个股出现递增放量上涨形态后，我们只要留意其后成交量是否能继续再放大就可以对其以后走势明了，一旦成交量不能再增加，这就意味着短期内的买盘入场力度已达到了顶峰，价格也即将进入阶段性的顶部，是短线卖出时机。

### 4. 山堆式放量

山堆式放量是指个股在短期的一波上涨及回落过程中，出现了一个类似于"小山堆"的成交量形态。山堆式放量对应于两个波段，一个是放量上涨波段，随着股价的上扬、成交量在增长；另一个是缩量回落波段，随着股价的滑落，成交量快速缩减。

山堆式放量可以说是"涨时放量，跌时缩量"这种常态量价关系的一种反映，但它又有所不同，因为它呈现了较为明显的"放量后果再缩量"这个运行过程，这个过程可以看作是多空力量的一次小规模交锋，打破了个股前期平淡的交投市况，在结合价格走势、位置区间，及山堆式放量效果的基础上，它可以帮助我们把握个股可能出现的中短线行情。

### 5. 单（双）日凸量及间隔式放量

单（双）日凸量，也称脉冲式放量，是指成交量在某日（或连续两日）突然大幅度放出，随后又快速缩小的一种量能形态，放量时的效果可达此前均量的 3 倍以上。若脉冲式放量为双日型，则两日的放量幅度较接近。脉冲放量的出现频率较高，实战性强，在下一篇中，我们将结合具体情形详细讲解。

同样的放量形态，甚至是同样的量价形态，有的预示着行情的来临，有的则只是个股的偶然波动，我们除了能够准确识别量价形态后，也要结合价格走势情形来综合分析，这样才能更为客观、准确地进行预测，下面我们结合一个案例来看看如何利用常见的成交量形态来进行分析、判断。

图 3-1 为长春一东 2017 年 4 月至 8 月走势图，个股在一波强势反弹上涨后，于波段高点强势企稳，此时的成交量较前期下跌时的均量明显放大，

放量效果在 2 倍左右，这就是温和式放量。

短期内股价走势呈强势企稳状，这表明多空双方交锋活跃、市场抛压在多方承接能力之内，结合股价所处位置点来看，这是场外资金持续涌入、反弹上攻行情有望持续的信号，因而，可以作为中短线的买入信号。

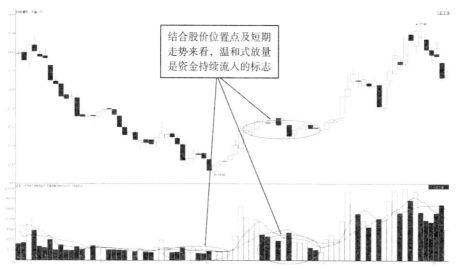

结合股价位置点及短期走势来看，温和式放量是资金持续流入的标志

图 3-1　长春一东 2017 年 4 月至 8 月走势图

本实例中，温和式放量形态并不是唯一的短线看涨理由，这需要结合个股之前所出现的强势、独立的反弹走势以及短线高点的强势企稳形态来分析，而且，我们关注了股价所处的位置区间，由于是在中长期的低位、短线的反弹上涨幅度不大，从中长线角度来看，仍有一定的上攻空间，最后结合温和放量的市场含义来把握"买盘资金流入"这一市况，进而预测股价后期走向、展开操作。

# 3.4 缩量形态分析方法

缩量的形态特征不如放量来得鲜明，它往往也被投资者忽略，其实，对于缩量进行分析，往往能取得更好的效果，因为就个股的放量表现来看，引发放量的原因多种多样，我们很难给出判断，而若将缩量结合进来，就可以以一种连续、推理式的分析思路展开，既能更好地断定放量本质，也能更好地预测价格走向。

缩量是指成交量的相对缩小，在不同的位置区、不同的波段格局下，结合缩量的具体方式，它有着不同的市场含义。我们知道，正常市况下有"涨时放量，跌时缩量"的运动形态，此时的相对缩量若无明显特征，并不是我们研究的重点。实战中，我们主要关注那些缩量形态较为鲜明、价格走势较为独立的个股，这时往往可以从缩量形态中解读出主力的市场行为，从而帮助我们更好地把握机会股、规避风险股。

一般来说，我们可以从两方面关注缩量，一是局部式相对缩量，二是单独日的明显缩量：

对于局部式相对缩量来说，可以从它的相对缩量程度、前期放量效果、缩量期间的价格走势来综合分析。例如：如果个股处于中长期低位，在明显的放量上涨，但累计涨幅很小的位置点出现了缩量形态的强势整理，则此时的缩量多是机会的象征，它表明之前的放量波段或是主力积极吸筹造成的；反之，如果高位区出现了逆市滞涨型的相对缩量，这说明市场跟风盘不足、市场浮筹相对较少，虽然是主力潜藏其中的信号，但却暗含了主力出货引发快速下跌的风险，因而是不宜参与的。

对于单独日的明显缩量，我们要结合个股的前期走势特征来分析，这种极度缩量是缘于市场成交低迷，还是缘于主力持筹数量多、造成个股成交萎缩，不同的分析结论，对随后的操作方向有不同的解答。

本节中，我们只是大致讲解缩量的分析思维方法，对于具体的缩量形态来说，将在下一篇中单独详解，下面结合一个案例进一步了解缩量形态在实战中的分析方法及运用之道。

图 3-2 为天津港 2016 年 9 月至 2017 年 3 月走势图，为了方便说明，图中标注了 3 个区域，区域 1 是放量的强势整理平台，此时刚刚脱离低位区，结合随后的放量上涨及整理区域 2 来看，区域 1、区域 2 可以看作是资金入场的阶段；当股价随着大盘震荡而出现深幅调后，可以看到股价持续回落时的量能大幅缩量，当运行至区域 3 时，这是一个回升缩量的波段走势，虽然与区域 1 处于同一价位区，但量能明显缩减，这表明经历了前期的强势、独立的放量上攻后，大量的筹码锁定度较高，而这正是主力积极运作个股的信号之一，此时的股价又处于中短线低点，这个缩量回升的区域 3 就是一个很好的短线入场时机。

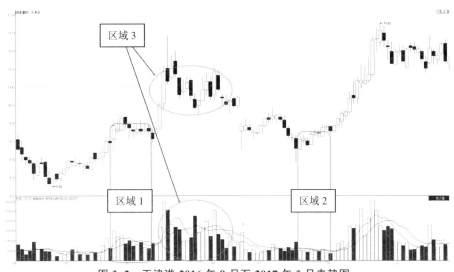

图 3-2  天津港 2016 年 9 月至 2017 年 3 月走势图

# 第4章　分时图分析思路解读

K线、量价是我们把握价格走势的关键因素，但是，在很多时候，它们并不能及时可靠地预示出股价的短线波动方向，一些K线及量价均相似的个股在短线波动中，完全可能出现相反的方向，在不考虑消息面的情况下，对股价波动产生的疑问是缘于我们技术分析要素的不完善，因为，就短线交易来说，对于分时图的分析是必不可少的一项。本节中，我们就结合分时图的形态特征与分时量价配合来看看如何更好地把握盘中交易时机。

## 4.1　从均价线位置关系着手

在个股分时图上，除了代表股价实时运行的分时线之外，还有一条相对平滑的曲线，这是均价线。均价线的计算方法为：（到目前这一时刻为止的当日总成交金额）/（到目前这一时刻为止的当日总成交股数），我们可以把均价线理解为"当日市场平均持仓成本"曲线，从技术分析的角度来看，均价线是当日盘中多空力量的分水岭。如果股价（即分时线）稳健地站于均价线上方，则表明后续入场的买盘成本高于平均成本，是买盘力量更强的信号，当然也是个股表现相对强势的标志；反之，则是卖压较重的标志。在实际分析中，我们可以结合分时线的运行及它与均价线位置关系的变化来把握盘中多空力量变化，以下几种情况均源自笔者实战经验的总结，以供读者参考：

（1）如果分时线稳稳地运行于均价线上方，且始终与其保持一定距离，这表明买盘力量更强，多方有一定的优势，盘中走势有望进一步上扬，此时的操作宜持股待涨，不必过早卖出。

（2）如果分时线持续运行于均价线下方，这表明卖压较重、空方占据上风，在市场较弱、特别是下跌的状态下，应及时卖出，规避个股很有可能出现的跳水风险。

（3）在开盘之后的一段时间，由于价格走势不稳、多空力量对比格局正在形成，此时如果股价仅仅是围绕均价线上下小幅度波动，则应进一步观察，不宜过早下结论。

（4）在盘中大涨的状态下，这是买盘大量入场、多方强势上攻的结果，体现了个股的盘中冲击力度，但盘中较大幅度的上扬也势必引发更强的获利抛压（在反弹的时候还面临着解套抛压），此时，观察分时线回落的方式较为重要，如果分时线持续下滑并向下靠拢，甚至跌破均价线，则表明逢高抛压较重、多方上攻阻力较强，短线走势上出现由强转弱的概率变大，短线操作上，更宜获利了结；反之，如果滑落幅度较小并与均价线保持一定距离，则表明后续入场的买盘依旧强劲，短线仍可看涨一层，宜持股待涨。

（5）在盘中大跌的状态下，个股出现由弱转强的概率相对会更小一些，此时的反弹力度如果较弱、无法向上突破均价线，则表明空方力量仍然占优，应逢反弹之际及时卖出，特别是当个股处于高点位，或是整理区之后的向下破位点时，这时的盘中跳水、伴以反弹无力，往往是一波深幅下跌走势出现的信号，操作上一定要及时、果断。

（6）多空双方实时交锋着，多空力量的对比格局也往往会出现快速转换，我们可以结合均价线来把握盘中强弱格局的转变。在盘中高点，若分时线跌破均价线且无力向上快速收复，则是由强转弱的信号，特别是在中短期高点，这是值得警惕的风险信号；在盘中低点，若分时线向上突破均价线且获得支撑，则是由弱转强的信号，特别是在中短期低点，往往蕴含着盘中抄底机会的出现。

（7）时线与均价线之间还有一种"黏合"状态，它较为特殊，当其出现在盘中大涨之后的位置点时，它是一个短线看跌信号，所谓的黏合是指：个股在盘中大涨上涨之后，股价开始回落并向下靠拢均价线，但并没有跌破均价线，而是"附着"于均价线上，即与均价线呈现出相互"黏合"的状态。

当然，以上的多种情况只是一种概率事件，在实盘操作中，分时线与均价线的位置点关系是我们进一步分析、判断的依据，在建立在量价基础之上后，依据两者的位置关系来进一步验证，得出的结论才更为可靠。下面我们结合一个案例来看看分析的过程与方法。

图 4-1 为天润曲轴 2017 年 9 月 22 日分时图，从日 K 线图来看，个股当日的放量大阳线使得其呈突破低位区的状态，但是，分时图的形态却并不优异，如图中标注，个股早盘大涨，但分时线在回落后却长时间地"黏合"于均价线，这是一种上涨状态下的"弱势"型分时图，就短线交易来说，并不适合追涨。

追踪此股随后的走势可以发现，这个看似具有突破性质的大阳线并没有带来上攻行情，个股随后出现了一波快速回落。可以说，仅从 K 线形态与量价配合来看，很难判断出个股随后的折返下行，但分时图却给了我们足够的提示信号，这正是它的用武之地——在关键位置点为我们短线交易提供判断依据。

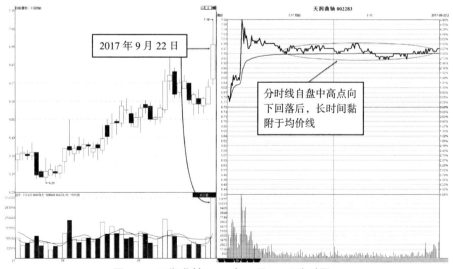

**图 4-1　天润曲轴 2017 年 9 月 22 日分时图**

# 4.2 从分时线形态着手

分时线的形态有的流畅，有的突兀，也有的极具"规则性"，我们知道，分时线形态代表着价格的盘中运行轨迹，同时，它也是买卖盘交锋结果的实时体现。盘中的交锋，重点需要关注大买单、大卖盘的出入力度及连续性，而这正是通过分时线形态直接呈现的。

例如：当连续的大买单不断出现、入场扫盘并推升股价快速上扬时，这时的分时线在向上飘升过程中，可以看到较为流畅、挺拔的特征；反之，若只是少数几笔高价大买单扫盘，由于不具有连续性，虽然股价突然上升了，但分时线的上涨方式就显得极为"突兀"了。

一般来说，流畅型的分时线更能体现场内外大资金的动向，在预测短期走向时，也更具参考性，因而，"流畅""挺拔"的上扬型分时线在短线交易中更值得关注。而突兀型的分时线，特别是盘中上冲型的突兀分时线往往会诱发更多的卖盘离场，常视为短线下跌信号。

图 4-2 中为中能电气 2017 年 10 月 23 日分时图，在临近午盘阶段，个股突然启动，短短两三分钟的涨幅超过了 8%，这是一种迅捷式的上冲，没有大买单持续入场扫盘这样一个过程，可以视作"突兀"式上涨，这样的上涨往往很难站稳于盘中高点，随后的快速跌回均价下方的走势使得分时线的这种突兀式特征更为鲜明。从日 K 线图来看，虽然当日处于震荡区的低点，但由于这种突兀式上冲的分时线形态具有较强的短线下跌倾向，个股随后破位下行的概率一般要大于突破上攻，操作上，这时就不宜实施短线买股了。

当然，前面讲到的"流畅型上冲预示短线上涨""突兀型上冲预示短线下跌"等特征鲜明的分时线形态只是我们分析判断的一个相对充分而非必要条件，即当个股不出现流畅上冲的分时线形态时，它同样可以开启短线上攻行情；当个股不出现突兀式分时形态时，它同样也可以出现短线下跌走势。

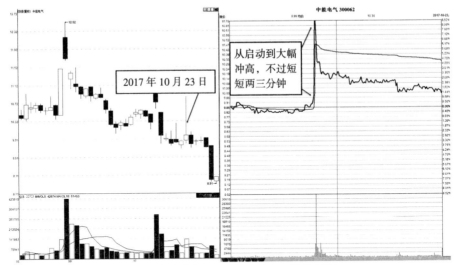

图 4-2　中能电气 2017 年 10 月 23 日分时图

下面结合一个案例加以说明。

图 4-3 为景旺电子 2017 年 8 月 14 日分时图，日 K 线图上，个股处于低位区的一波震荡回落之后，当日，分时线稳健上扬，始终与均价线保持一定距离，盘中上涨走势具有明显强于大盘特征的独立性，虽然分时线未出现连

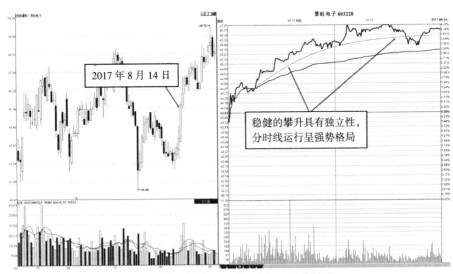

图 4-3　景旺电子 2017 年 8 月 14 日分时图

续大买单扫盘引发的"流畅型"上冲形态，但分时线的这种运行方式仍是多方力量占优且上攻意愿相对较强的表现，结合股价当前位置点来看，中短线有一定的上涨空间，可以做短线入场买股的一个判断依据。

# 4.3　从分时量价配合着手

量价配合不仅体现在日K线图上，也同样体现在分时图上，如果说K线图上的量价可以帮助我们把握中短线运行方向的话，那么分时图上的量价则有助于判断盘中高低点。借助于分时图上的量价，我们可以更好地了解股价能否站稳于一波飙升后的盘中高点，一波反冲上行究竟是反弹抑或是反转？分时图上的量价之所以如此重点，是因为它直接决定着我们的盘口交易方向，例如：从日K线图上看似突破上涨的形态，在分时图上却发出了卖出信号，这时就要以本金安全为前提，不可追涨入场，持股者也应逢高减仓，规避可能出现的下跌风险。

在分析思路上，分时图上的量价与K线图量价基本相同，通过观察分时图的波动形态与幅度，再结合分时量的变化，就可以较好地预测当日盘口表现，进而做买卖决策。例如：以盘口中出现的放量上扬为例，如果这一波上扬有着流畅的形态、持续放大的量能相互配合，则表明买盘入场连续性强、力度较大，个股有望站稳于盘中高点，此时可以静待观察，持股不动；反之，如果这一波上扬走势中的分时量放大不明显，甚至较之前的上扬波动出现了明显的缩减，这表明上涨时的动能有所减弱，个股站稳于盘中高点的力度不足，特别是在反弹波段，如果成交量较之前跳水时的量能大幅缩减，这表明反弹动力极弱、无大买盘入场，这直接决定了此波上扬走势的反弹性质，而非反转性质。当然，盘中的量价配合关系多种多样，这需要我们在实战中进一步讲解、完善，下面我们先结合一个案例来看看分时量价的操作思路及它对个股盘中走势的预测作用。

图 4-4 为塞力斯 2017 年 10 月 10 日分时图，个股在午盘后出现了一波明显的上扬，虽然上扬形态较为流畅且创出了盘中新高，但这一波上扬时的量能显小于早盘第一波上扬，这就是盘中上冲时量能支撑力度不足的标志，也可以看作是盘中出现的无量上冲形态，一般来说，个股站稳于短线高点的难度较大，操作上，不宜追涨入场。

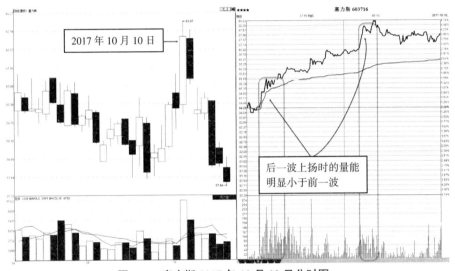

图 4-4 塞力斯 2017 年 10 月 10 日分时图

## 4.4 从盘中交易时间段着手

每个交易日有 6 个小时的交易时间，我们可以将其大致划分为早盘、中盘、尾盘三个阶段，同样的盘口形态，当其出现在不同的盘口时间段时，其所蕴含的多空信息是不同的，例如：同样是分时线的流畅上冲，出现在早盘阶段且能站稳于盘中高点，就要比尾盘有着更强的上涨含义，短线操作上，也是为更为强烈的看涨信号，在很多时候，若尾盘上扬幅度过大，则个股次日出现大幅回落的概率往往较大。

在实盘操作上，对于短线机会来说，我们更应关注早盘的强势拉升形态，特别是盘整后面临着方向选择的个股，早盘的拉升真实性更强，预示着突破的概率更大，早盘的拉升也彰显了多方力量的强大与主动性，而尾盘的拉升多难以形成真实有效的突破，特别是出现在短线高点的尾盘拉升，或是大市较弱情况下的尾盘拉升，这往往与大资金运作收盘价，为次日出货预留空间的操盘思路有关，若贸然追涨入场，则风险大于机会。

盘中的上涨或下跌走势及分时线运行形态固然重要，但是，若想要更好地判定多空力量的对比及转变，更好地把握盘中买卖时机，就需要将它们锁定在特定的盘口时间段内来分析，下面我们结合一个案例加以说明，更为详细地讲解将在随后各章节中，结合个股的具体情形展开。

图 4-5 为奇正藏药 2017 年 7 月 13 日分时图，下面我们结合个股当前的盘面形态来分析一下，当日的突破上扬是否可以构成短线启动信号？

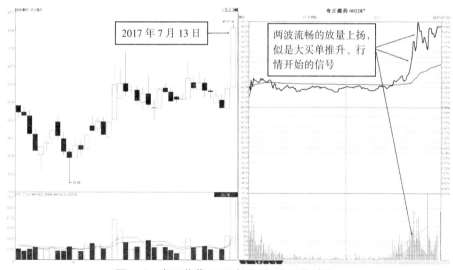

图 4-5　奇正藏药 2017 年 7 月 13 日分时图

首先，从日 K 线图来看，当日的长阳线出现在低位整理之后，使得个股呈突破模式，这是一个启动信号，可以看作是横盘蓄势后多方上攻的信号。

其次，从成交量来看，当日放量较为明显，如果放量效果可以保持，则突破向上的概率较大，但结合最近几个月的量能大来看，当日的放量幅度可以视为峰值，保持这一放量效果的难度较大，这是一个看空信号，提示我们短线追涨的风险较大。

由于日 K 线形态与量能形态难以结出买卖结论，因而，分时图形态成为了本例分析中最为关键的因素。如图标注，个股的盘中上涨虽然是流畅的放量上扬形态，似是大买单连续扫盘、主动进攻意愿较强的信号，但是，从启动时间来看，它出现在尾盘阶段，一般来说，盘整之后，若多方积蓄力量充足，多会选择早盘强力拉升，随后当日的"盘中运行阶段"可以看作是检验空方抛压力度的一个阶段，它也是个股进一步突破上扬的承接、过渡阶段，而选择在尾盘拉升则是多方"底气"明显不足的标志，除非大市环境很好、处于明显的牛市当中，否则的话，这种尾盘的放量启动并不宜看作是启动信号。

通过前面几个步骤的分析，结合当时较弱的市场环境来看，个股突破行情出现的概率较低，操作上，不宜追涨买入。

# 第5章　市场风格、板块与龙头

股票市场的运行并不是历史走势的简单重复，受着金融监管政策引导、投资者群体结构变化、场内外资金意向分歧、经济发展侧重点不同等因素的影响，在股市处于不同的时期内，市场的风格也是不尽相同的。在选择相应个股时，我们不能脱离市场环境，不能主观臆断个股估值，涨得多不是必然卖出的依据，跌得多也不是可以买入的理由，只有跟随市场的风格，及时调整自己的选股及交易思路，才能更好地把握机会、规避风险。本节中，我们将结合指数、板块、龙头股等概念，阐述中短线交易中须知的选股及交易思路。

## 5.1　大、小盘指数与市场风格

所谓的市场风格，我们可以理解为市场热点的主要主向，例如：是以中小盘、题材股为主线，还是以蓝筹、业绩股为主线，是市场整体同向运动，还是个股分化显著？市场风格一旦形成，它就有着很强的惯性，可以在相当长的时间内得以保持，在一些时候，市场风格的转换可能并不是一时性的，而是预测着股市运行规律的改变，实盘中，要想取得更好的战绩，我们一定要相对准确地把握市场风格，因为不同的市场风格对应着不同的操作策略。

对于市场风格，我们可以从每个交易日的涨幅榜来分析，看看哪类个股更经常地处于涨幅前列，这是依靠"盘感"来把握市场风格，需要较多的实战经验积累，除此之外，还有定量的方法，这就是通过指数运行。

无论中线，还是短线，"指数"这个概念都是十分重要的，所谓的指数是用于反映某一范围下的全体个股综合走势情况的，从大的范围来看，它体现了市场整体运行情况，例如：大盘指数是反映全体个股所构成的股市综合走势情况的；从小的范围来看，它可以反映哪些板块更受市场资金青睐，例如：板块指数是反映这一板块下的全体个股综合走势情况的。

上证指数，也称为上证综合指数，这就是我们平常所说的大盘指数，指数在计算时以上海证交所的全体股票为样本空间，并采用了加权平均法。"权"，即上市公司的股票市值，上市公司的股本越大，则其"权"就越重，对指数的影响力也越大。

板块指数，用于反映某一类股票的平均走势，例如：以"行业"为划分依据，有"钢铁""煤炭""电力""医药""工程机械"等板块；以"地域"为划分依据，有"北京""上海""新疆"等板块；除此之外，依据场外事件、消息等因素，还可以结合热点题材划分相应的板块，例如：当国家出台新能源汽车方面的政策时，此时的"新能源汽车"就是一个热点题材，它可以单独成为一个板块。

参与股市，了解"板块"这个概念至关重要，结合近几年的市场来看，热点往往是以板块的形式呈现的，在板块中，"主营业务"较为纯正、业绩良好且股本相对较小的个股更易获得主力资金青睐，涨势更好；但是，有一点也是值得注意的，我们所说的"板块"绝不限于股票行情软件中划分出来的，因而也没有相应的板块指数来观察，这时就更要我们结合市场的热点方向，总结、归纳、及时把握。下面我们结合案例来看看如何通过"指数"把握市场风格及热点所在。

图5-1标示了中小盘指数2016年4月至2017年11月的走势，并叠加了同期的上证50指数，"中小盘"与"上证50"是两种不同类型的股票群体，一般来说，机构资金更偏爱于上证50这类业绩稳健、盘子较大的个股，而散户则更喜欢中小盘个股，国内股市以往的格局是中小盘股更活跃，当股市氛围较好时，它们的涨势往往更强，但是，这种历史风格在2016年末开

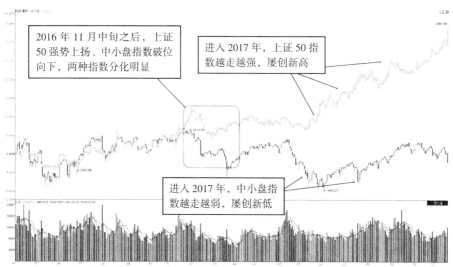

2016年11月中旬之后，上证50强势上扬、中小盘指数破位向下，两种指数分化明显

进入2017年，上证50指数越走越强，屡创新高

进入2017年，中小盘指数越走越弱，屡创新低

图 5-1 中小盘指数 2016 年 4 月至 2017 年 11 月走势图（叠加上证 50 指数）

始出现变化。

如图中标注，在 2016 年 11 月之前，两种指数的运行轨迹较为接近，此时的市场可以看作是齐涨共跌，个股分化不明显。但是，自 2016 年 11 月中旬之后，两种指数开始明显化，上证 50 强势上扬并创出新高，而同期的中小盘指数则破位下跌、跌幅极大，这只是两种指数出现分化的一个开端，也预示了股市风格的改变。如果我们可以结合这两种指数的运行情况，及时了解市场风格的改变，在实盘操作中，特别是中长线的布局，就要更多地关注上证 50 类的大盘绩优股，而不是那些业绩平平甚至业绩下滑的中小盘股。

一旦市场风格开始变化，它往往就会有着较强的延续力，因为市场风格的变化绝不是偶然出现的，当市场出现变化时，总有一些先知先觉的"聪明"资金最先行动，进而改变原有股票筹码供求状态，这就体现在指数的最初分化走势上，它是一种"新趋势"开始的信号，也树立了一个新的市场风向标。而对于参与股票市场的我们来说，也要顺应这种改变，不要看着此时的中小盘股似在"底部"，而贸然抄底，殊不知，底部之下还有新低，资金总是更喜欢追逐于强势的目标，那些明显走弱甚至是破位下行的一类个股，由于无法吸引资金入场，其走势往往是随波逐流甚至越走越弱。

结合图 5-1 来看，上证 50 指数在 2017 年明显强势，不断创出新高，而中小盘指数则震荡下行，弱势特征明显，如果我们可以借助于两种指数在 2016 年末出现的分化而及时掌握市场风格的变化，就可以顺势而为，无论是短线交易，还是长线布局，都将更为主动。

## 5.2　分时图综指、领先与分化

从日 K 线图的角度固然可以观察市场风格的转变，也可以了解市场热点的方向，但是，如果我们实施短线交易，日 K 线图的信号则稍显迟滞，此时应注意观察大盘指数分时图。图 5-2 为上证指数 2017 年 8 月 1 日分时图，可以看到，分时图有两条指标线，其中的粗线称之为"上证综指"，也就是我们常说的大盘指数；细线为"上证领先指数"，与大盘指数不同，这一指数的计算方法不考虑个股的股本，因而，这条指数线可以更好地反映中小盘类股票的盘中表现。

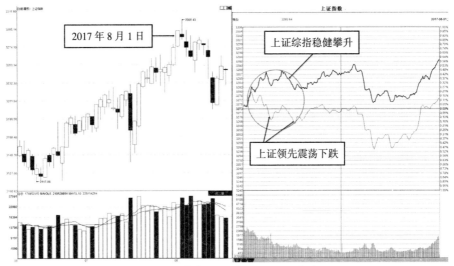

图 5-2　上证指数 2017 年 8 月 1 日分时图

如图 5-2 中标注，当日开盘之后，大盘指数与上证领先出现了明显的分化（即相同的时间段内，两种指数的运行方向明显不同），大盘指数震荡上扬、走势稳健，而此时的上证领先则不断下行，两者在运行的明显分化也代表着当日市场的运行格局，即少数的大盘权重类个股表现强势，而占据大多数的中小盘个股则走势软弱。一般来说，两种指数出现这种分化时，特别是指数处于短线上涨后的高点时，它表明市场转弱、资金入场意愿低，是短期内出现回落下跌概率较大的信号，也是我们在短线交易中应注意的风险信号。

了解上证综指与上证领先的盘中分化是十分重要的，盘中分化得越明显，则股市的中短期走势更值得警惕，它既可以帮助我们及时地把握盘中第一卖出时机，也是判断指数中短期波动方向及深度的重要依据。

有些时候，如果大盘指数短期内涨幅较大，则早盘阶段的分化不仅预示着短期的调整，往往还是随后盘口跳水的信号，此时，借助于两种指数的这种分化，我们还可以把握盘口最佳离场时机。

图 5-3 为上证指数 2016 年 11 月 25 日分时图，当日开盘之后，可以看到综指在缓缓上行，而此时的领先指数则逐步向下，两种指数的分化十分明

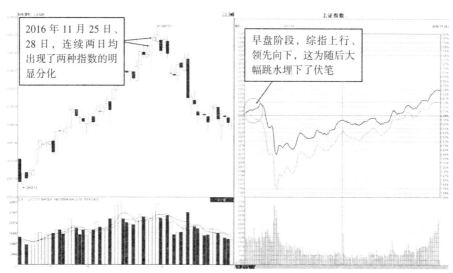

图 5-3  上证指数 2016 年 11 月 25 日分时图

显，当日正处于指数中短期涨幅较大的位置点，开盘的这种分化就是一个危险的信号，提示我们可能将出现的盘口跳水，从短线交易角度来分析，此时应及时卖出，以规避风险。值得注意的是，次日（2016 年 11 月 28 日），两种指数再度于盘中出现分化；指数连续两日于盘中出现分化且中短期涨幅大，这表明市场或将出现深幅调整，以本金安全为前提，此时应卖股离场、观察一段时间再采取行动。

# 5.3　强者恒强的市场格局

进入到 2017 年，我们发现股票市场的格局出现了明显的变化，大盘指数的表现波澜不惊，相对稳健，但个股的分化却十分显著，"强者恒强、弱势恒弱"的市场格局十分显著，那些有业绩支撑、主营向好的个股获得了更多资金的关注，呈现出慢牛、长牛走势，而业绩较差的个股则在震荡中不断下行，虽然偶有题材行情，但往往较为短暂。市场风格的变化也改变了投资者的思维方式，这也是向相对成熟的国际市场靠拢的一种表现，可以预计，这种市场格局有望长期延续下去。

市场风格的变化，再结合股市的资金驱动性，这提示我们：在选股、把握买点时，特别是中短线交易，若非有明显的入场信号，尽量不要主观地去"抄底"所谓的低位股，这些个股之所以如此下跌，往往不是因较大的利空，就是因业绩的下滑，这些个股属于被市场遗弃的品种，对于场内外资金毫无吸引力，因而也很难有好的中短线走势。

在选择强势股时，技术面的优势彰显出来，在结合个股基本面之后，通过盘面形态上的强势表现，我们可以更好地了解哪类个股、哪些个股更为强势，进而在其短线回调时买入布局。一般来说，强势的突破启动、强于大盘的横向整理，是强势股初露端倪的重要信号，也是我们买入布局的最佳时机，下面我们结合一个案例来看看捕获相对强势股的分析思路及交易方法。

图 5-4 为金风科技 2017 年 5 月至 11 月走势图，图 5-4 中叠加了同期的上证指数，为了方便讲解，图中标注了两个时间段，在时间段 1 中，此时的上证指数在横向整理，但个股开始强势突破启动，期间出现了多根大阳线，这彰显了突破上攻的连续性及多方上攻意愿的强烈，观察期间的量能可见，温和放大的成交量形态一直持续着，这正是资金持续涌入的标志。

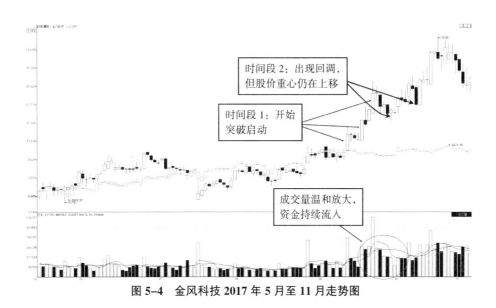

**图 5-4　金风科技 2017 年 5 月至 11 月走势图**

技术面的分析支撑个股的强势特征，而同期的市场风格也是以价值投资者为主旋律，有业绩支撑的大盘股走势明显强于大盘，对比来看，此股的基本面优异，公司主营风电设备制造，属于新能源行业范畴，符合未来的经济发展方向，且近年来业绩十分稳定，当前的市盈率只有十多倍，属于估值偏低的大盘绩优品种。

可以说，技术面与基本面下相辅相成，个股刚刚突破低位震荡区并树立强势格局，在图中标注的时间段 2 中，箭头指示了两个买入时机，此时的短线回调就是很好的中短线买入时机。

# 5.4 龙头股的旗帜作用

龙头股是一个二级市场中的概念，它不是指某个企业是某一行业中的龙头企业，仅仅是指其二级市场中的走势要强于同类个股。对于龙头股，我们可以将其理解为同一类题材股或是某一板块中走势强、上涨势头好的个股，龙头股的诞生离不开板块的烘托，当某些题材或某一板块成为市场关注、参与的热点时，往往就会有龙头股诞生。

例如：2017年的白酒板块、保险板块、医药板块等均是热点度较高的板块，这类板块由于业绩向好、前景明朗，进而获得了场内外资金的长期关注，其走势也明显强于同期大盘，但是，身处相应板块的个股也并非全部强势，板块中的一些个股在上涨时冲锋在先、回落时则有支撑，进而出现了长期向上的运行格局，这就是龙头股。举例来看，白酒板块中的贵州茅台、保险板块中的中国平安、医药板块中的恒瑞医药等，都可以称之为龙头股。

相对于龙头股来说，一些个股虽然身处热点板块中，但由于未能获利市场的认同，其走势与龙头股往往相去甚远。仍以前面提到的热点板块为例，白酒板块中的古井贡酒、保险板块中的中国人寿等，2017年虽也有上涨表现，但涨势、涨幅相对于龙头股来说相距较远。实盘操作中，我们可以结合基本面与技术面，再结合板块指数的表现，来进一步捕获龙头股。下面我们结合一个案例来看看题材演绎下的龙头股交易思路及操作方法。

图5-5为天业股份2017年11月3日分时图，图中叠加了中信国安当日的分时走势，这两只股同属参股360题材，消息面上："11月2日午夜，江南嘉捷（601313）披露重组草案，公司拟出售其全部资产及负债，通过资产置换及发行股份购买三六零科技股份有限公司（简称'三六零'）100%股权。"

图 5-5　天业股份 2017 年 11 月 3 日分时图

　　正是基于这个消息，次日（11 月 3 日），参股 360 的题材股全线高开，天业股份、中信国安、电广传媒等个股均以涨停开盘，这也显示了此题材的热度。这些个股前期多随大市震荡下行，处于低点位，而 360 回归 A 股又是一个引发市场高度关注的热点题材，可以预计有望催生相应的题材行情。

　　但是，题材股数量众多，若选错个股则短线追涨的风险将陡然增加，这提示我们应重点出击龙头股。此时，判定龙头股的标准主要是从盘面着手，一是分时图，二是 K 线图。分时图重点关注封单的数量，封单数量越大则表明个股短线越被看好，成为龙头股的概率也越大；K 线，则要结合其所处位置点来分析。

　　从当日开盘来看，天业股份、电广传媒封单数量较大，且日 K 线图处于低位，有望成为龙头品种，但电广传媒的股本过大，参股 360 的数额也不大，而天业股份则不同，总股本相对较小、参股数额也较大，且从盘口封单及随后的盘中表现来看，天业股份更为强势，在中信国安、电广传媒当日均开板下行的背景下，天业股份开板后仍能较好地稳住涨停势头，且在午盘之后再度回封涨停板，这提示我们，无论从题材面，还是从技术面，天业股份更有希望成为龙头品种，而随着 360 回归 A 股消息不断明朗，这一波题材行情还是有望延续的，操作上，结合当时较为稳健的大市来看，就短线交易而言，可以适当追涨、买入龙头品种——天业股份。

从随后的短线走势来看，龙头品种天业股份一路向上、拒绝回调，短短六七个交易日上涨了50%，而跟风品种电广传媒、中信国安等个股不仅当日高开低走，次日又再度出现下跌，虽然也跟随龙头品种出现二度冲高走势，但力度则要弱得多。从走势上的分化来看，这提示我们，在参与题材行情时，特别是参与追涨操作，如果不能紧随龙头品种，则很可能陷入追涨被套的不利境地。

## 5.5   消息题材的瞬息变化

"题材"是股市的一大魅力，正是因为题材往往能促使个股的短线大涨、形成短期财富效应，才引发了各路资金对于题材的追捧、关注。那么，什么是题材呢？其实，凡是可以引发市场关注的事件，而且对于相关个股是利好性的，都可以称之为题材。题材既可能源于上市公司自身的重大事项，也可能源于社会生活中、政治经济中等的重大事件，比如：当国家出台"新能源汽车方案"等系列政策时，就会形成新能源汽车题材；当个股发布高送转方案时，如果获得市场关注，往往还会形成高送转题材；当周期性行业个股因处于行业周期上升阶段时，就会有业绩预增题材出现。

题材的类型多种多样，但只有吻合市场热点的题材才能走出更好的行情，对于题材来说，几乎任何个股都有一定的题材，但只有当这一题材受到市场关注时，才能成为热点题材，也才能催生个股的题材行情，一般来说，在分析题材股时，我们可以从两方面着手，一是从消息面着手，实时性极强的消息面，特别是产业政策方面的消息，总能获得更多的关注、进而成为阶段性的市场热点；二是从市场资金参与力度着手，如果某个板块、某类题材股的走势明显强于同期大盘，获得了场外资金的重点入驻，则它有望随着股价的走强而获得更多的关注，进而成为市场热点风向。

题材股的短期走势虽然更为诱人，但参与这类个股的风险同样不容小觑，特别是那些没有业绩支撑、短期飙升的题材股，一旦题材热点减弱、资金退潮，则可能引发这类个股的短期大跌，高位入场的投资者也将损失惨重。对于题材股来说，著名经济学家凯恩斯在1936年提出的"空中楼阁"理论可以让我们对其加深理解，"对于证券市场中的专业投资者，如果要想从这个市场中尽可能获利，就要把重点放在分析大众投资者未来可能的投资行为上，而不应将精力花在估计其（多指股票）内在价值上"。题材股的走势正是反映了这个特性，题材的出现使得很多投资者不再刻意关注个股的基本面，而是着眼于它的题材面，因而，在操作上，"买入"是这些投资者随后更有可能出现的行为。

题材股的短期走势"重势不重质"，而一旦投资者对题材热情消退，价值回归、个股持续下行也在所难免。下面我们结合一个案例来看看题材股的短线走势及操作思路。

图5-6为天气模2017年8月至11月走势图，个股因特斯拉题材而获得市场关注，这属于场外事件引发的题材，也是股市中最常见的题材，熟悉这

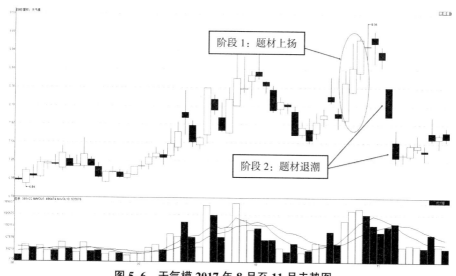

**图5-6　天气模 2017 年 8 月至 11 月走势图**

类题材股的走势，将有助于我们更好地理解股价异动原因并把握买卖时机。

我们将此股走势划分为两个阶段：上扬阶段与退潮阶段。

上扬阶段的出现总与场外利好性消息或传闻有关，此时的个股若正处于短期低点，则有望借助题材展开一波涨势上攻，结合此股来看，当时的市场上出现这类消息："近日，特斯拉在中国建工厂的消息再次引发关注，特斯拉与上海达成在中国建厂计划，有望以独资的形式在上海自贸区建立工厂"，但是，随后"此后上海有关负责人表示'没有签署协议'"，可以说，这一波题材行情缘于市场传闻，具有十分不确定性，同期的市场又处于中小盘个股普遍弱势下跌格局下，连续数日上涨之后，高点的风险较大，不宜追涨入场，持股者则应借此反弹良机卖出；值得注意的是，这已经不是特斯拉第一次传出在华建厂传闻。尤其是近 3 年的时间里，随着中国成为全球最大的新能源汽车市场，特斯拉在中国建厂的消息频频见诸报端，这也解释了相关题材股的股性较活，短线走势上也往往是大起大落。

题材退潮阶段或是缘于消息证伪，或是缘于市场的调整，如果在题材上涨之后，大市较好，则题材股在高位往往有一个上下宽幅震荡的过程，但这是一个风险区域，并不适宜参与。消息面上，11 月 2 日，市场出现消息："特斯拉 CEO Elon Musk 在分析师电话会议中表示，在 2019 年之前不计划在中国进行大量的资本开支，中国工厂要在几年后才会成为现实。"对于此股来说，同期市场较弱，而且随着消息的快速证伪，并没有在高位区停留，而是直接进入到题材退潮阶段，也由此引发了一波快速下跌走势。

对于此股的题材行情解析可以看出，题材股的走势具有独立性，短期的涨跌幅度往往极大，上涨时可以连续飙升、势如破竹，下跌时则有可能急转直下、一泻千里，因而，在参与题材股时，若其短线涨幅较大且题材的热度与持续性并不强，则不宜在短线高点买入，即使个股因一波强势上攻而使得技术面呈突破状态，此时也不宜入场；但是，在消息面或场外事件的驱动下，某一题材的多只个股均于当日表现良好，此时，对于仍处于中短期低点的个股来说，当日盘中介入、积极参与题材行情，仍不失为一个好的选择。

# 第6章　涨停板分时思路解读

"涨停"是一种较为极端的价格走势，从盘面信息来看，它体现了买盘资金的强大及大单入场的频繁；从投资者心理来看，涨停板往往能极大激活短期看多情绪，提高上涨预期，进而有利于股价的快速上攻；从主力行为来看，涨停板的出现是缘于大买单连续扫盘的结果，因而涨停板常常与主力的积极做多行为相关，是我们捕捉主力动向的重要信息。

个股出现涨停板之后，次日的盘中最高涨幅往往较为可观，明显高于市场平均值，因而，积极地参与涨停股也是短线交易中的一个应掌握的要点。当机会出现时，我们参与涨停板固然能获利好的短线收益，但是，涨停板也是一把"双刃剑"，在很多时候，涨停股次日走势并不好，甚至出现低开低走、盘中大跌的走势，这就是它的风险所在。与任何一门交易技术相同，只有更好地掌握涨停交易技术，我们才能捕获机会、规避风险。本节中，我们重点介绍涨停板技术的一些要点，结合案例来看看如何分析、展开涨停交易，更为详尽的讲解，将放在随后的章节中展开。

## 6.1　"抢板"交易五要素

参与涨停股，多采用追涨方式，而"抢涨停板"则是其中最激进的追涨技术。所谓"抢涨停板"也可以称之为"抢板"，是指在个股上冲至涨停价时，或者开板后再度回封涨停板时，通过快速地挂出涨停价位买单实施买入。之所以这样操作，是因为我们预期个股随后将快速封牢涨停板，不会再给市场买入的机会。正是基于这种预期，才实施激进的抢板操作，但如果这种判断与个股随后走势明显不符，多意味着抢板交易的失败，也预示着出现短线亏损的概率在增加。

从涨停股的表现来看，一只个股若能在早盘阶段牢牢封死涨停板，则次日高开的概率很大，而且很可能高开高走、逼空上涨。例如：我们在前面"5.4 龙头股的旗帜作用"中讲到的案例"天业股份"，若在题材涌现当日实施抢板入场，则短线收益极其可观。

抢板技术建立在良好的盘感及对个股短线走势的一种预期之上，为了能够更好地预测个股盘中封板的成功率，规避盘中上冲后的回落风险，在实施抢板交易时，笔者总结了以下几点经验，供读者参考。

## 1. 密切关注市场环境

无论强市还是弱市，总有一些个股能够牢牢封住涨停板，但是，从比例上来看，弱市封板的成功率是很低的，个股在盘中上冲至涨停价附近后，往往也消耗掉了最后一点动能，随后出现回落的概率更大。

因而，当指数近期走势较差、市场情绪普遍低迷时，不宜实施抢板交易；另外，由于指数主要反映了大盘类个股的平均表现，指数的震荡攀升并不代表市场做多气氛浓郁，当市场处于大盘股涨、中小盘股普跌的"二八分化"格局时，这仍可以看作是弱市，不宜实施抢板。只有当市场处于整体性上涨、场外资金源源不断涌入、量能稳步放大的强市格局下时，才可适当参与抢板。

## 2. 侧重于技术面分析个股

"涨时重势，跌时重质"，参与涨停股，是以个股的上涨势头为首要考虑因素，只要个股没有利空传闻或消息，业绩未出现亏损，则我们可以将重点放在个股的技术面上，而不是公司的成长性及估值状态。

技术面一要看 K 线，二要看分时。K 线图上，以低位整理形态为最佳，因为低位整理走势可以看作是多方蓄势的过程，个股一旦涨停突破，向上空间较为充裕；而像宽幅震荡区的高点、短线反弹后的高点，出现在这种位置的涨停板则很难有好的表现,一方面要承受短线获利抛压,另一方面要面对中线被套抛压。分时图上,涨停封板时间越早越有利于随后的短线强势上扬,一般来说,抢板只宜参与早盘板,而午市之后出现的涨停板不仅封板概率降低,次日走势也往往并不强势。除此之外,对于涨停分时图而言,流畅的上扬形态、当日较小的盘中振幅、同步配合的量价关系等,都是我们判断当日能否涨停、短线冲击力度的重要信息。

3. 结合同类股及题材面分析

我们不应把涨停板只是理解为主力资金运作的结果,其实,它是市场的一种"合力"表现,涨停股要想有更好的短线表现,它就一定要有一个值得关注的"上涨理由",而这个上涨理由可以是"超跌",可以是"消息或题材",也可以是"市场风向",只有在"上涨理由"的支撑下,它才能广受关注,吸引场内外资金不断介入,从而节节上扬。

在股市中,我们会发现这样一种现象,一些个股当日的封板形态非常强势,但次日就急转直下,出击这类涨停股无疑是风险极大的,之所以如此表现,是因为这些个股的涨停走势并没有充裕的"上涨理由",它们既不符合当前市场热点风向,也不是消息诱发下的题材股,这类个股即使强势涨停了,由于其上涨难以引起市场共鸣,涨停板走势显得孤单,涨停上冲形态也只能是不具有持续性的"偶然波动"。反之,那些有热点题材助阵的一类个股,或是热点板块,当其强势表演时,市场可以给出合理的解释,这有利于吸引资金后续不断流入,从而使得其上涨更有延续性,参与这类个股的涨停板,短线风险也相对较小。

4. 重点关注龙头品种

前面我们提到了"龙头股"这个概念,在抢板交易时,龙头品种才是重点关注的对象,仍以前面"5.4 龙头股的旗帜作用"中讲到"天业股份"为例,它是"'三六零'回归 A 股"题材下的龙头股,而中信国安、电广传媒等个股则是跟风股,如果我们抢板交易出击的是这些跟风股,就要面临当日被套、次日亏损加大的不利局面,但若是出击的龙头股,则不会出现这种情况。龙头股是市场资金重点介入的品种,其短线走势自然会更强一些,而抢板交易就是博取个股的短线强势上攻行情，因而，龙头股是最理想的品种。

由于龙头股是一个纯粹的二级市场概率，因而仅凭基本面是难以判断龙头品种的，我们主要借助于技术分析方法来把握龙头品种，当然，龙头品种随着题材的延续也许会出现切换，实盘中，我们仍是以盘面表现来关注这种切换。

一般来说，首先，龙头股的股本相对较小，个股的上涨缘于资金驱动，股本越小，同样的资金则驱动力度越强，而且，结合股市的风格来看，中小盘题材股远比大盘题材股更受市场游资及普通投资者喜爱；其次，龙头的盘口表现最为强势，它的封板时间也是最早的，当同一题材的多只个股于盘中强势上扬时，最先冲至涨停板的个股多为此题材的龙头品种；最后，我们需要明确的一点是：龙头品种也不一定会涨停，若题材热度不足、大市较为低迷时，题材股的盘中上冲很可能只是偶然的一次异动，并不代表短线上攻行情的开始，因而，在分析并追涨龙头品种时，也要综合分析再采取行动。

5. 提前买单，做好出击准备

抢涨停板，要实时关注涨幅排行榜前列的个股，看看哪些个股涨幅较大，这些个股盘中冲击涨停板的概率更大，一旦发现哪只个股向上冲击涨停板时，首先要快速地分析此股的技术面及题材面，以决定随后是否出击；其次，要耐心等到个股开始扫盘最后一个涨停位上的大量压单时，此时才宜以涨停价出手买入。

在抢板时，对于投资者的快速分析能力要求较高，因为哪只个股将上冲涨停板，我们事先并不知道，但个股冲击涨停板并非瞬间完成，一般来说，从开始向上冲击最终封板至少要持续数分钟，而这段时间正是我们快速分析并决定是否抢板入场的关键时间段。

首先，在抢板时，一要关注是否有大买单扫盘，特别是冲击最后一个涨停价位时是否会出现单笔更大级别的买单，这是判断主力入场的一个重要线索，如果个股只是以连续小笔买单，或者是中级买单向上扫盘涨停价压单，这样的涨停板一般不宜抢入；其次，原则上来讲，除非短线极其看好个股且大盘气势如虹，一般不宜在个股冲击涨停板前提前介入，一些投资者看到个股在盘中高点走势稳健，往往误以为抛压较轻、个股随后将顺势上冲封板，其实，个股的盘中强弱转换是很快的，若不果断上冲封板，则午盘后跟随指数回落的概率就大大增加；最后，在抢板操作上，个股上冲击涨停时，原则上来讲，不到最后一个价位也不宜提前入场，因为涨停价上的压单往往数量最大，观察是否有大级别买单扫掉涨停位压单是决定抢板入场的关键线索，这也提示我们，如果涨停价位上的压单较少，也是不宜抢板入场的，因为过少的涨停位压单无法体现买盘的强大与主力的市场行为，这样的个股即使封板了，一旦出现大笔抛单，则涨停板是极为脆弱的。

个股在冲至涨停价位时，往往会快速完成封板行为，出手稍迟，往往就会因大买单封板而失去入场的机会，这就要求我们提前"买单"，才能适应这个快节奏变化。买单，在抢涨停板交易中，可以理解为提前做好买入准备，这包括填入股票代码、买入数量、买入价格（抢板时，一般挂涨停价）等准备工作，但此时并不是真正地挂出委托买单，当我们需要买入时，只需单击最后一个"确认"按钮时，就可以成功地发出委托指令。

# 6.2 结合案例解读抢板思路

下面结合两个案例来看看当个股盘中上冲涨停板时，我们是如何分析并得出是否要抢板入场的结论的？

图 6-1 为达威股份 2017 年 10 月 25 日分时图，个股在早盘阶段强势上扬，10：04 时股价上冲至涨停价位附近，假设我们做好买单准备，那么此时是否可以抢板入场呢？

为了提高成功率，抢板交易要建立在一定的分析基础之上，虽然抢板的成功有着一定的运气成分，但若没有良好的盘感与技术分析能力支撑，仅凭运气，只会在劳神费力中不断亏损。从左侧的日 K 线图来看，个股当日若涨停板，则使得其突破低位震荡整理，有一定的突破空间，日 K 线形态较为优

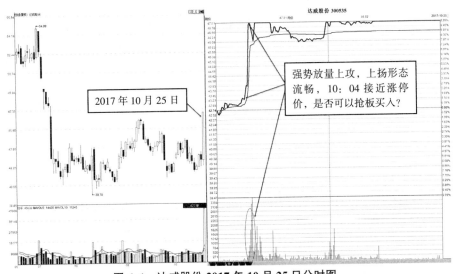

图 6-1 达威股份 2017 年 10 月 25 日分时图

异，是一个买入信号；从分时图来看，当日的盘中振幅相对较大，但分时线流畅且上攻时的量能配合理想，因而，分时图并没有否定抢板交易。但是，当个股于 10：04 上冲至涨停价时，一个盘口细节值得我们关注，这就是涨停价上的压单数量很少。

如图 6-2 所示，当个股在 10：04 上冲至涨停板附近时，此时涨停价位上的压单只有几百手，而个股在整个上冲过程中不断出现上百手的扫盘单，可以说，涨停价的压单数量是十分稀少的，通过前面的讲解可知，这几百手

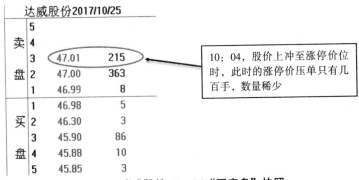

图 6-2 达威股份 10：04 "买卖盘" 快照

压单即使随后被成功扫掉，也无法彰显多方力量的强大及主力的强烈做多意愿，此时抢板入场是十分危险的，将面临着个股很可能无法封板的不利局面。

这是一个不宜抢入场的案例，而决定我们是否入场的关键信息就是其中的一个盘面细节——"涨停价位上的压单数量过少"。实盘操作中，决定是否抢板入场的盘面要素还有很多，这既需要我们实战中不断探索，也需要我们能够将所学知识加以实践，在看到个股强势上冲涨停板时，要想到它可能出现回落的风险，但如果各种要素均予以配合，则应果断出手，及时抢板买入。下面我们再来看一个可以实施抢板入场的案例。

图 6-3 为通富微电 2017 年 9 月 20 日分时图，个股在早盘阶段快速上扬、直冲涨停板，从日 K 线图来看，当日突破了阶段整理区，且之前出现了缓慢上扬格局，这一个涨停板将使得上涨走势呈加速上攻之势，由于上攻行情刚刚展开，短期仍有一定的上冲空间。

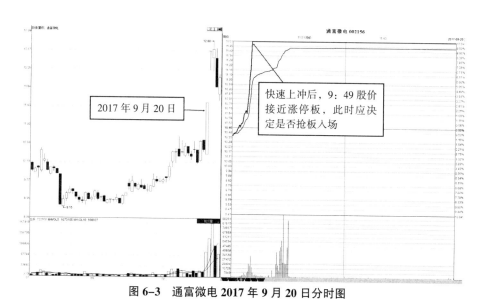

**图 6-3 通富微电 2017 年 9 月 20 日分时图**

分时图上，图 6-4 标示了个股 9：49 上冲至接近涨停价时的盘口状态，在快速上冲过程中，先是千手级别的大买单不断出现，随后，当接近涨停价

"11.51元"时，接连出现了两笔超过两千手的大买单，买单数量级在上升，涨停价上压着七千多手的卖单，数量较多，依据大买单数量级的提升来看，个股能够扫掉涨停价上的压单。此股的上涨符合当时的市场热点"芯片"题材，是一个低位启动、补涨需求较强烈的热点题材股。

| 通富微电 2017/09/20 | | | | 09:49 | 11.20↑ | 1171 | 42 |
|---|---|---|---|---|---|---|---|
| 卖 | 5 | 11.51 | 7738 | :03 | 11.18↓ | 776 | 34 |
| | 4 | 11.50 | 3853 | :06 | 11.20↑ | 1350 | 53 |
| | 3 | 11.49 | 700 | :09 | 11.18↓ | 141 | 14 |
| 盘 | 2 | 11.48 | 439 | :12 | 11.15↓ | 349 | 20 |
| | 1 | 11.47 | 43 | :15 | 11.17↑ | 241 | 25 |
| 买 | 1 | 11.30 | 90 | :18 | 11.17 | 1671 | 124 |
| | 2 | 11.28 | 1 | :21 | 11.17 | 438 | 29 |
| | 3 | 11.20 | 970 | :24 | 11.16↓ | 945 | 62 |
| 盘 | 4 | 11.19 | 4 | :27 | 11.22↑ | 1018 | 50 |
| | 5 | 11.18 | 56 | :30 | 11.18↓ | 544 | 29 |
| | | | | :33 | 11.25↑ | 679 | 58 |
| | | | | :36 | 11.26↑ | 872 | 34 |
| | | | | :39 | 11.15↓ | 3535 | 122 |
| | | | | :42 | 11.30↑ | 238 | 23 |
| | | | | :45 | 11.26↓ | 943 | 32 |
| | | | | :48 | 11.29↑ | 2541 | 146 |

**图 6-4　通富微电 9：49 盘口快照**

综合来看，日K线图、分时图、题材面均支持个股短线上攻，而且上冲涨停板时的盘面信息又较为理想，操作中，是可以快速抢板入场的。在9：49之后，个股几乎直接扫掉了上方的压单而快速封板，因而，在实施抢板交易时，一旦做出判断，应果断出手，因为买入机会很可能瞬间消失。从随后的盘口表现来看，封板过程中又出现了巨量，如果我们挂涨停单不撤掉的话，也是可以买入的，但这种机会出现的概率很小，这只是一个特例。

抢涨停板入场是一种激进的短线交易方法，它需要投资者有良好的盘感及较高的短线技术水平，仅靠书本上的知识与技巧是难以应对复杂多变的市场的，而且，它只适宜于强势市场，因而，短线交易中，投资者不必过于追求这种技术，在实战中不断提高交易技术并学会风险管控，是提升这门交易技术的关键所在。即使参与，也只应调度少量的仓位，而不是碰运气的重仓搏击。

# 6.3 涨停分时形态要点

涨停板的分时形态往往能预示它的短线上攻力度，特别是对于次日走势的判断，涨停分时是分析中的一个关键点。一般来说，我们可以从封板时间、封板方式、涨板牢固度这三个方面着手分析。

对于封板时间，早盘板优于午盘板，午盘板优于尾盘板，封板时间越早越能体现个股的独立性及短线上攻意愿，也能彰显主力资金的短线做多意愿。试想，如果一只个股如果在早盘阶段就快速封板，那么，其背后的推升资金势必对当日大盘走势并不刻意关注，这也从一个侧面体现大资金的短期上攻意愿，而如果一只个股只是在大盘走势稳健甚至步步攀升的背景下，才于尾盘阶段顺势封板，这也表明大资金的上攻行为十分关注大盘的"脸色"，这样的封板行为也从一个侧面显示了主力行为的不确定性。

对于封板方式，开盘价距离涨停板越近越好，大幅度的高开往往能提升市场预期，如果主力资金短线做多意愿强烈，高开后能够在较短的时间内完成封板，市场浮筹抛压还是较轻的，因为大多数散户投资者在开盘后多会选择先观望一段时间，若个股能够快速封板，就会提升短期预期、持股待涨，而出现明显低开的个股，在盘中整个上扬过程中就会面临着更强的多空分歧，即使个股能够封板，对于多方力量的消耗也是更大的，不利于随后几日继续上攻。

对于封板牢固度，这主要体现了大资金对于涨停板的判断。我们知道，个股的走势是由市场"合力"决定的，一般来说不存在实力极为强大的单一主力资金，如果个股在封板之后能够牢牢封至收盘阶段，这说明大多数资金，特别是持股数较多的大资金更看好个股的短线上涨，并没有在涨停价附近逢高出货；反之，如果涨停板无法封牢、反复打开，甚至是在被击穿之后出现回落，这表明场内一部分大资金对于个股随后的上涨并不看好，个股短线上攻过程中的阻力将会更大。

实盘中，我们要综合考虑以上三点，并不是说早盘板就一定预示着行情的开始，也不是说无法封牢的涨停板就一定是风险，因为除了涨停分时形态之外，还需要结合个股的趋势性、量价配合关系、市场热点的持续、股价的位置点等因素综合分析。下面我们仅借一个案例来看看通过涨停分时图展开交易的操作思路。

图 6-5 为西藏矿业 2017 年 11 月 24 日分时图，个股在中短期跌幅较大的位置点出现了一个涨停板，这是反攻行情开始的信号吗？涨停价附近适宜追涨入场吗？

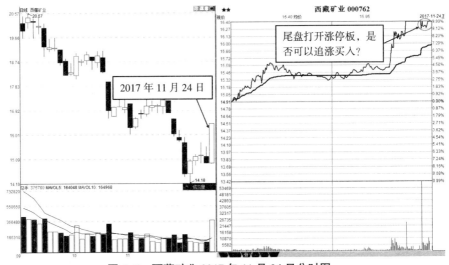

**图 6-5  西藏矿业 2017 年 11 月 24 日分时图**

仅仅从日 K 线图来看，在涨停板出现之后，个股已经企稳数日，有一个短暂的蓄势过程，仍有一定的反弹空间。但是，涨停分时图并没有给出明显的入场信号。首先，这是一尾盘板，而且，临近收盘前一小时的上涨幅度较大，而尾盘板是一种较为弱势的涨停板，个股次日低开的概率较大，尾盘封板方式一般并不是短线强势反弹的信号；其次，在封板之后又再度开板，且开板时的量能效果达到了当日的峰值水平，这表明涨停板引发了强烈的多空分歧，这不利于快速反攻行情的展开；最后，此股的尾盘封板缘于当日板块热点，在一些资源类股票（如：鹏欣资源、盐湖股份）均封板之后，此股才于尾盘启动并最终封板，可以说，有一定的跟风效应，独立性不强。

综合来看，这个尾盘涨停板从技术形态及板块热点来看，均未露出强势反攻的信号，就短线交易来看，当日不宜追涨入场，可以继续观察随后走势，再做决策。

# 6.4　涨停量价形态要点

除了关注股价位置、涨停分时特征外，涨停当日及次日的量能也是决策的重要依据。一般来说，缩量涨停板的短线上攻力度最强，次日出现高开高走的概率也最大；温和放量的涨停板也有着较强的短线上攻力度，它表明市场分歧不是很大，多方力量较为充足且仍有释放空间；巨量涨停板，特别是量能达到了近一两年峰值的天量涨停板，表明市场分歧极大，对于多方力量的消耗也是极大的，除非有热点题材支撑，可以引导后续买盘不断入场，否则的话，个股易出现短线反转，是风险的信号。

很多时候，一些看似强势的涨停分时图却仅仅引发了昙花一现的股价上冲、随即急转直下，而一些看似弱势的涨停分时图却能够开启一轮上攻行情，其实，这其中奥秘就隐藏在量价形态中。

由于多空力量对比格局的迅即转变，0 主力市场行为的变幻不定，大盘走势的上下起伏，种种不确定因素叠加在一起，使得我们对涨停板的判断往往有失准度，这一方面缘于股票市场的波动较大，另一方面也是因为我们在分析、判断的时候往往顾此失彼，只看到了促使股价上涨的一面，而忽略它的风险所在，利用量价配合来分析涨停板正好可以弥补这一不足，让我们及时地适应市场、个股走势变化，快速做出更为合理的决策。

涨停量价，主要侧重于从日 K 线图着手，不仅要观察涨停板当日的量能，也要注意涨停次日的放量幅度。次日的成交量若能以相对温和、稳健的方式进一步放大，则可继续持有，反之，若出现突然性的巨量放大，多是风险隐现的信号。

图6-6为有研新材2017年8月9日分时图，个股于当日午盘后强势封板，封板形态牢固，从日K线图来看，当日放量效果温和且股价正处于加速上扬波段，上攻行情可期，持股者应继续持有。

**图6-6　有研新材2017年8月9日分时图**

但是，次日的量能几乎增长两倍，结合其历史运行来看，这是个股历史上的量能峰值状态，结合题材面来看，这种放量效果并不具有持续性，虽然当日（2017年8月10日）分时图十分强势且股价大涨，如图6-7所示，但量价配合关系却向我们提示了短线风险，此时，应以本金安全为重点，锁定利润、卖股离场。

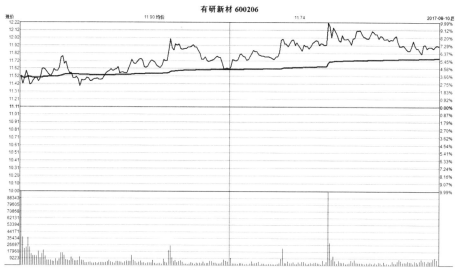

图 6-7  有研新材 2017 年 8 月 10 日分时图

# 6.5  封板后分析要点

个股成功封板，特别是较为强势的涨停分时图，这很可能预示着波段上攻行情的展开，但同时一个不可忽视的经验在提醒我们：股市中的风险总是与利润成正比的。当短线的预期利润较高时，它往往也是风险较高的标志。因而，涨停板之后的运行就显得十分关键，我们要借助于多种盘面信息来做出快速判断，是行情继续、持股待涨，还是风险隐现、卖出观望？

一般来说，封板之后，我们首先要观察当日涨停板的形态与量价等盘面信息，如果均不理想，则次日早盘阶段甚至是盘前竞价阶段就应第一时间卖出；反之，则可以继续观察个股次日表现，特别是开盘后的表现，看看是延续了强势格局，还是走势转弱？其次我们要关注盘后的市场信息，特别是周五买进的个股，由于周末的消息往往较多，无论是政策面的，还是个股方面的，若有较为重要的信息，则很可能引发价格走势的转变；最后也是最为关键的，就是将快速判断的结论迅速转化为果断的行动，很多投资者在参与涨停股时，并不是技术分析能力差，而是常抱有侥幸心理，明明已经看到了个股转弱的迹象，但总希望反弹的出现或盘口突然出现上冲，操作上的犹豫在身处强市之中时，或许不会造成什么影响，但如果处于弱市，卖出时机往往稍纵即逝，本来有小亏止损离场的时机，最终只能以巨亏来为操作上的犹豫不决买单，特别是对于短线波动幅度更大的涨停股来说，时限要求往往更短，常常要在次日的集合竞价阶段，或是开盘 10 分钟内做出快速判断，是持有，还是马上卖出？

　　承接上个案例的走势，图 6-8 为有研新材 2017 年 9 月 22 日分时图，个股于早盘强势封板、当日放量效果温和，日 K 线图上处于震荡区高点，有突破向上的势头，从盘面形态来看，短线可以继续看涨。

**图 6-8　有研新材 2017 年 9 月 22 日分时图**

　　但是，个股的走势往往与我们预先判断并不相符，多空力量的转变也是十分迅速的，特别是对于这种短线波动频繁的个股，若我们采取了追涨操作，则面临的风险也是较高的。操作上，应紧随盘中变化而采取相应策略。

　　图 6-9 标示了此股次日（2017 年 9 月 25 日）分时运行情况，秉承上一

日的强势涨停板，个股当日顺势高开，但开盘后的价格走势却快速跳水，跳水时有量能放大且持续时间较长，最值得关注的还是它随后的反弹，如图标注，当股价反弹至均价线位置点，无法强势突破均价线，受到了均价线的压制，而且，这一波反弹的量能较之前的跳水波段明显缩小，这是反弹无力的标志，也是个股走势由强转弱的明确信号，依据这个信号，如果我们手中持有此股，则应及时卖出，以顺势这种多空力量的快速变化。

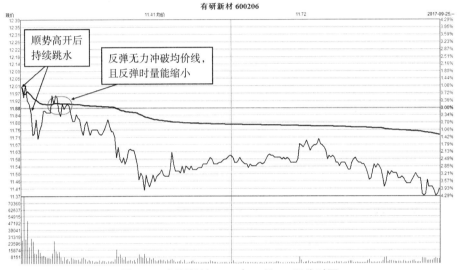

**图6-9 有研新材2017年9月25日分时图**

当日，此时出现大跳下跌，次日再度于盘中深幅跳水，短短两日的下跌幅度接近10%，价格走势的波动幅度极大，而对于这种短线风险来说，如果我们不能在盘中及时跟踪、快速分析并做出果断的决策，是很难控制的。

# 第7章 个股分化与资金驱动

进入 2017 年，市场的格局出现了明显的变化，一方面是股票市场的直接融资功能得到了更多的重视、IPO 发行提速；另一方面是市场上价值投资理念的进一步增强，这是一种趋势，也指引发 A 股未来的发展方向，对于参与股市的中小投资者来说，再也不能盲目地套用历史交易经验，若不能及时调整思路、跟上步伐，最终是要被市场淘汰的。

参与股市，我们既要不断地提升自己的技术分析能力，也要与时俱进跟上市场的发展方向。在欧美等较为成熟的国际股票市场中，一般并不存在齐涨共跌的走势特征，可以预计，未来的 A 股市场也是往这个方向发展，指数上涨时可能出现亏损，指数下跌时也可能获利，"看指数买股票"的思路通过近两年的市场运行来看，已经行不通了。一般来说，只要不出现类似于 2008 年全球熊市及 2015 年中旬普跌快降的系统性下跌格局，股市中还是有很好的获利机会的，但同时也隐藏着较大的风险。

本章中，我们从"个股分化""资金驱动"的角度来看看如何更好地把握弱势震荡格局中为数不多的市场机会？如何规避大多数股票逆市下跌的风险？

## 7.1 个股分化与资金驱动分析思路

个股分化，顾名思义，是在相同的大市环境、相同的时间段内，个股之间在走势上出现了明显的分化，某类股票处于上涨通道中，某类股票则处于下跌通道中。个股的走势是缘于资金驱动，资金驱动力度不足则会下跌，资金驱动力度充足则将上涨。可以说，正是资金驱动力度的不同造成了个股走势的分化，当然，之所以如此，也与市场呈现为弱势震荡、总体增量资金不足有关。

了解"个股分化"与"资金驱动"这两个概念，对于实战的指导意义极为突出，因为，它们都是从中线的角度来帮助我们判断个股运行方向的，有利于我们看清大方向，在此基础上展开交易，就要轻松得多，也能更好地规避风险。

要想更好地理解个股分化，我们要从三方面着手，一是市场风格的变化；二是板块与板块之间的分化；三是板块内个股之间的分化。

对于市场风格的变化，主要是指市场的热点方向，即资金重点流入方向，是流入中小盘板、创业板，还是大盘蓝筹股，读者可以参见"5.1 大小盘指数与市场风格"；市场风格的持续力度最强，一旦形成，它就是一种趋势，指引着未来中长期的市场资金流入方向。

对于板块与板块之间的分化，我们既可以借助于板块指数走势，也可以通过每个交易日的涨幅榜来观察，是钢铁股反复表现，还是煤炭股整体上扬；较为强势的板块往往只能维持一段时间，这是阶段性热点板块之一，一般来说，强势板块有一个蓄势、突破、上扬、见顶的过程，我们可以结合龙头股的表现来分析判断板块的持续性，如果龙头股涨幅不大、强势企稳，则此板块有望再度延续强势，持股者不必急于卖出；反之，若龙头股涨幅过大、高位区出现宽幅震荡，则此板块或将由强转弱，应注意规避风险。

对于板块内个股之间的分化，这是投资者选股时的重中之重，市场上关注度较高、资金反复流入的板块，较好把握，从财经新闻、股市观察等评论总结性的文章中就可以获悉，但是，知道了热点板块并不等于一定能跟随趋势实现获利，由于同板块内个股之间的走势往往相差极大，如果选股思路出现的错误，亏损的概率同样较大。这里，对于"资金驱动"这个概念的理解程度就会显现出来，聪明的投资者一般不会关注那些看似处于低位、仍未启动、默默无闻的个股，而会把注意力放在走势相对较强但短线涨幅不大的个股，这类个股往往就是有资金不断流入、后续上涨动力更为充足的个股，就中线交易来说，是更为值得布局的品种。

## 7.2 资金驱动角度的操作思路

图 7-1 为中证白酒指数 2016 年 3 月至 12 月走势图（叠加上证指数图），对比两种指数可见，在 2016 年 4 月至 7 月期间，大盘指数震荡走低，而中证白酒指数则一路上行，同期的成交量也不断放大，这正是资金注入此板块的明确信号。借助于指数的强势运行格局，我们可以了解市场的热点板块所在，一般来说，热点板块的出现缘于资金的驱动，这个驱动过程并不是三五天就可以完成的，它往往需要以"月"为时间长度的强势运行，且量能需要明确放大，而中证白酒指数的走势特征正符合这一要求。操作上，当强势板块的中短线涨幅较大时，不宜追涨，而应耐心观察，待其回调整理，走势稳定后，再择机吸纳入场。

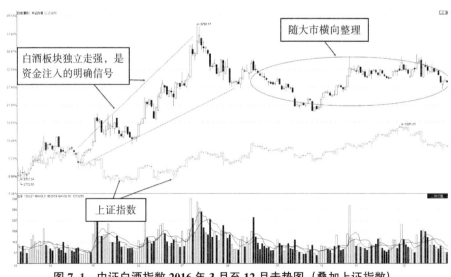

**图 7-1 中证白酒指数 2016 年 3 月至 12 月走势图（叠加上证指数）**

　　了解了资金汪入的强势板块后，就需要遴选个股，方法类似，我们同样可以采用叠加走势图的方法观察个股的强弱势特征，对于强势股来说，一般要求其中短线涨幅不能过大，特别是短线连续大涨的个股应规避，但其走势应强于板块指数。

　　图7-2为中证白酒指数2016年3月至12月走势图，图中叠加了贵州茅台、迎驾贡酒的同期走势，三者的强弱力度为"贵州茅台>白酒指数>迎贺贡酒"，虽然同为白酒股，但迎驾贡酒的走势似于更随大盘，而非板块，虽然这只股有着盘小、绩优这种投资者更偏爱的选股特征，但是，股票的二级市场走势缘于资金驱动，出现这种极弱的运行格局表明并无大资金青睐此股，选股时，我们不能主观依据喜好选择，而应跟随市场、关注那些有资金驱动的相对强势的个股。可以说，选择贵州茅台布局，这是从资金驱动、趋势运行的角度做出的决策；而选择迎驾贡酒布局，则是从炒股经验、个人喜好的角度做出的决策。两种不同的决策依据也直接决定了后期成绩的不同。

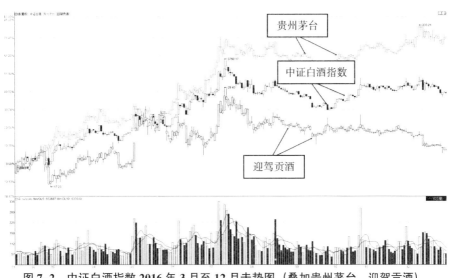

**图7-2　中证白酒指数2016年3月至12月走势图（叠加贵州茅台、迎驾贡酒）**

　　除此之外，在选股时还应注意，由于一只个股往往隶属于多个板块，如果其他板块也相对强势，则处于热点板块交叉中的个股就更值得选择。以贵州茅台为例，它不是白酒板块中的强势股，也是上证 50 指数的成份股，而上证 50 指数走势在 2016 年下半年明显强于大盘，显示了资金对这类个股的追捧。

图 7-3 标示了贵州茅台 2017 年 1 月至 12 月走势（叠加了迎驾贡酒），贵州茅台在 2017 年的最高涨幅超过 1 倍，而迎驾贡酒则一路震荡下跌。走势的分化其实就体现在资金驱动上，先知先觉的大资金开始入驻个股，这是市场的风向标；随后，个股走势节节攀升吸引了更多资金的关注、介入；当它成为市场的热点、大众焦点时，其上涨走势就会加速，当然，此时的风险也在加大。对于这个过程来说，当大资金开始介入、布局此股时，依据资金驱动的交易理念，我们是可以从盘面上发现其踪迹的，虽然无法于低位区布局，似有追涨嫌疑，但只要个股并没有大幅飙升、累计涨幅不大，则未来机会还是明显大于潜在风险的，而对于那些市场忽略、默默无闻的个股，虽然看似处于低位，但由于无法吸引大资金关注，其走势多随波逐流，难成大器，即使这样的个股处于热点板块中，它的获利预期也不高。

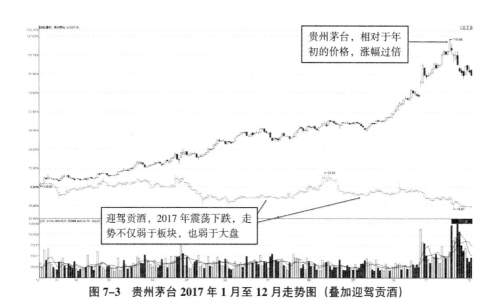

**图 7-3 贵州茅台 2017 年 1 月至 12 月走势图（叠加迎驾贡酒）**

从资金驱动角度来选择个股也要把握入市时机，如果个股的中短期涨幅较大，则应耐心等待回调企稳时机；如果累计涨幅较大，则应警惕顶部出现的风险。一般来说，当场外资金开始持续流入某一板块或某一个股时，个股会有一个"突破"形态出现，只要这种突破不是缘于脱离业绩的短期题材炒作，则多代表着未来的资金驱动方向，突破后的回调整理就是很好的中线布局时机。

# 7.3　中线股与短线股交易思路

在股市中，既有中长期保持相对强势格局、走势明显强于大盘指数的中线股，也有短期波动剧烈、大起大落的短线股。中线股代表着市场的大方向，能够吸引资金不断流入、资金驱动力更具持续性；短线股则反映了市场热点的快速切换，既能够活跃市场人气，又体现了股市的魅力。

对于中线股与短线股，它们有着完全不同的交易思路，中线股侧重于"布局"，应从更长的时间跨度来分析个股走势、资金驱动性；短线股侧重于"迅捷"，要对市场消息、题材、热点有一个更快速准确的判断，紧随市场、果断出击，紧跟盘面变化，快速做出买卖决策。可以说，选择中线股，需要我们有一个更广阔的视野及时间范围，选择短线股则需要敏锐的市场嗅觉及良好的盘感。仅从交易的角度来看，两者不存在孰优孰劣，也并不相互排斥，实盘操作中，投资者可以结合自己的习惯及条件来配合运用。

对于中线股的交易思路及方法，读者可以参见"5.3 强者恒强的市场格局""7.2 资金驱动角度的操作思路"；对于短线股的交易思路及方法，可以参见"5.4 龙头股的旗帜作用""5.5 消息题材的瞬息变化"。当然，这只是众多交易思路的一部分，但它们提示我们，在选择中线股时，"资金驱动"是一个关键要素；在选择短线股时，"热点题材"是一个关键要素；除此之外，结合基本面及技术面分析，就可以较为可靠地挖掘个股、把握买卖时机了。

# 7.4  逆市股与弱市股

在市场处于震荡不前或弱势震荡格局下，"逆市股"与"弱市股"是值得重点关注的对象，它们一个是机会的象征，一个是风险的预示。

逆市股与弱市股是两个相对概念，但是，从时间的角度来分析，它们既可以相互转换，也可以资金流动而使得自身发生转变。逆市股与弱市股均可以分为中线型与短线型，在不做特殊说明的情况下，我们所说的逆市股或弱势股主要是指中线型的。

中线型逆市股，并不是指个股偶然几日的走势强于大市，在大盘走势滞涨不前甚至是弱势下行时，逆市股有一个相对较长的强势时间段，一般来说，持续时间至少在半月左右，将个股走势叠加大盘指数，可以方便比对、分析。弱市股则刚好相反，它是指个股的阶段性走势明显弱于大盘。

逆市股可以看作是资金驱动的结果，代表着市场资金关注的品种，实盘中，我们既要关注个股的逆市性，也要关注其所属板块的逆市性，脱离了板块的逆市走强往往并不具有持续性，因为当前的市场资金在选择流入对象时，多以板块为目标，而不是独立的个体；反之，弱市股代表着资金的流出，如果同板块的走势也较弱，则弱市股的特征就更为明显，弱市性质也可以更好地判定。

实盘中，逆市股由于强于大盘，因而，对于偏爱"抄底"思路的投资者来说往往会将其忽略，殊不知，股市是一个强者恒强的市场，逆市股只要未大幅飙升、累计涨幅不大，其逆市特征就为我们提供了很好的方向，顺势而为、顺应资金流动方向，这才能把握住大盘整体表现不佳环境下的获利机会；弱市股虽然身处低位，但由于难以吸引场内外资金关注，在大盘指数上扬时，它们反弹力度较弱，在大盘指数回落时，则出现大幅跳水，风险往往并不低，特别是对于没有业绩支撑的个股，由于底部难以判断，一旦整体走弱、步入跌势，过早地抄底入场将会导致我们亏损惨重。

# 7.5 逆市股交易思路案例解读

从中线的角度来看，对于逆市股来说，第一看板块，是否属于资金流入类型；第二看个股，是否属于板块中走势相对强劲的个股；第三看涨幅，如果短期涨幅过大，则不宜追涨；如果累计涨幅已过大，则不宜高位布局。在"7.2 资金驱动角度的操作思路"中，已对中线型的逆市股分析及操作思路进行了详细讲解，下面我们主要从短线的角度，来看看如何从短期逆市股中寻找机会。

短期逆市股，首先要求个股短线涨幅不大，但呈现了"逆市"特征，逆市的原因可能是超跌反弹，可能是热点题材，可能是主力运作，也可以有技术面的突破。一般来说，如果个股连续数日的走势明显强于同期大盘，且技术面配合（例如：盘面分时形态、日线图上量价形态等）、短期累计涨幅不大，这样的个股有望成为逆市型的短线品种，经企稳回调后继续发力上扬。

在发掘短线逆市股时，"连续数日"强于同期大盘是一个要点，一般来说，至少要连续三日，如果只是单独一两日的强于大市，一般不视作短线逆市股，而且要刨除消息刺激下的连续涨停板形态。下面结合一个案例来看看短线型逆市股的分析方法及交易思路。

图7-4 为方正电机 2017 年 3 月至 6 月走势图，图中叠加了同期的上证指数，此股 2017 年上半年的走势显著弱于大盘，这并不是个股的业绩原因，而是因为同期的市场由大盘蓝筹型个股主导，中小盘类个股整体表现不佳，由于没有资金关注，虽然个股业绩尚可，但仍未摆脱不断下跌的走势格局，累计跌幅较深。

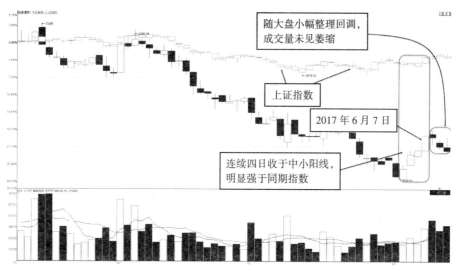

随大盘小幅整理回调，
成交量未见萎缩

上证指数

2017 年 6 月 7 日

连续四日收于中小阳线，
明显强于同期指数

图 7-4　方正电机 2017 年 3 月至 6 月走势图（叠加上证指数）

　　正是在这一背景下，如图中标注，一波深幅下探之后，个股连续四日收于中小阳线，明显强于同期指数，这就是短线逆市特征，结合个股 K 线形态来看，有望出现超跌反弹行情，且连续四日的上涨并未使得个股短线飙升，反弹空间仍然充足；但在操作上，不宜直接追涨入场，短线逆市股在一波上扬后，会有一个相对强势的回落整理，个股跟随大盘出现的回调整理，连续三根小阴线且量能未见萎缩也未明显放大，这表明此位置点抛压不重且有资金积极承接，是个股短线逆市走强或仍将持续的信号，此时，就是介入这一短线逆市股的最佳时机。此股随后的走势可参见图 7-6。

　　除了日 K 线图上的量价配合之外，我们还可以结合分时线形态来判定短线运行方向，此股于 2017 年 6 月 7 日分时图呈台阶式攀升形态，如图 7-5 所示，股价在盘中每一波上扬后都能于盘中高点横向整理、不明显回落，这种盘口形态在技术分析中可以称之为阶梯式上扬或台阶式攀升，是分时图发出的短线上涨信号，常与主力资金的积极入场行为有关。

　　利用多种形态（本例中为量价、盘口分时图）综合分析，在把握短线逆市股时，可以得出更准确的结论。但是，由于这属于短线交易，在参与时，还要考虑同期的大盘指数，只有指数运行相对稳健且指数能够反映市场整体

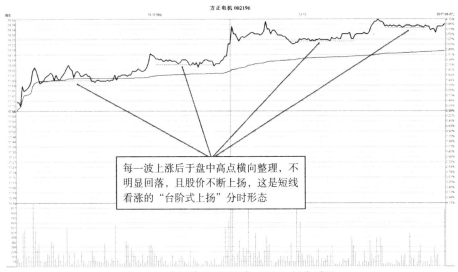

每一波上涨后于盘中高点横向整理，不明显回落，且股价不断上扬，这是短线看涨的"台阶式上扬"分时形态

图 7-5 方正电机 2017 年 6 月 7 日分时图

面貌时，才能实施短线买入。

# 7.6 弱市股交易思路案例解读

短线上的逆市股可能是中线上的弱市股，短线上的弱市股则可能为中线的逆市股，在分析个股时，时间这个尺度至关重要，以时间为核心，我们的操作策略也截然不同。当我们要布局中线品种时，个股短期内的相对强势特征并不是入场的理由，因为我们很难在市场开始切换时买入，市场风格一旦形成就有极强的持续力，个股短线上的强势运行或许只是一次超跌反弹，非但不是布局信号，反而应成为持股者的减仓信号。下面我们结合一个案例来看看弱市股的分析方法及交易思路。

图 7-6 为方正电机 2016 年 9 月至 2017 年 10 月走势图，个股业绩较小，但股本相对较小，在以大盘蓝筹为代表的上证 50 指数与中小盘指数分化的市场格局中，个股走势更多地受中小盘整体表现制约，图中叠加

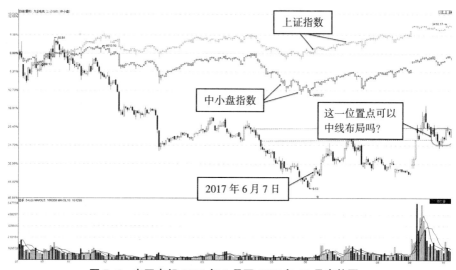

**图 7-6 方正电机 2016 年 9 月至 2017 年 10 月走势图**

了上证指数、中小盘指数，三者走势对比可见，上证指数强于中小盘，中小盘强于个股，可以说，从中期走势来看，个股运行处于明显的弱市格局。

在图中标注的位置点，虽然个股经一波上涨突破了低位震荡区，但这种强势突破只持续很短的数个交易日，并不代表着中线意义上的资金驱动方向，而且，这个突破后的位置点面临着短线获利盘、中线解套盘的双重抛压，一旦资金驱动力度减弱，将再度步入弱市，且同期的中小盘指数仅仅是跟随大盘震荡回升，市场分化格局并未明显的改变。因而，从中线角度来看，这一突破后的位置点并不是中线布局的时机，对于持股者来说，还应减仓观望，以防个股再度步入弱市格局。

从本案例可以看到，短线上的强市股可能是中线上的弱市股，"强"与"弱"既有可能因个股走势的发展而出现转变，也可能因考查时间的尺度不同而得出不同的结论。在展开一笔交易时，我们一定要明确交易方式，是中线布局还是短线参与？不同的交易方式直接决定着我们不同的分析思路，如果依据个股短线走势来展开中线布局，或者依据个股中期走势来展开短线交易，都可能出现明显的错误。一般来说，短线交易重"势"，即短期的上涨势头，这是短期内资金驱动力度的体现；中线布局既重"质"，也重"势"，这里的"质"指代企业的基本面、成长性，而"势"则指代表市场的整体风向、市场风格，是大盘蓝筹股占主导地位，还是中小盘绩优股更受青睐。

# 第8章 中短线交易之道

股票交易看似简单，但股市的一个残酷事实却是：大多数散户是亏损的。股市涨的时候没能赚到钱，等到股市跌的时候却跟着赔钱，特别是2017年的股市，个股走势分化显著，指数节节上扬、上证50不断创出新高，但同时一个不容忽视的事实却是：绝大多数中小盘个股在不断下探，这是市场风格的切换，也可以说是股市生态环境在发生改变。绝大多数没有业绩支撑甚至是没有业绩增长作为支撑的个股，在走势上显得疲软无力，指数涨时静卧不动，指数跌时则大幅跳水，如果我们不及时调整交易思路、改变应对策略，则将亏损惨重。

本章中，笔者结合近年来的实战心得，总结了一些交易方法、交易思路，希望可以作为读者的借鉴。但是，古语说得好，"纸上得来终觉浅，绝知此事要躬行"，因为读者未实战感受过这些印在纸上的技术与经验之谈，往往会被忽略甚至遗忘，在此，我们有一个好的方法，那就是轻仓交易，即只有少量的资金参与。

如果我们的实战经验还不够丰富，为了避免出现为重大错误判断买单的结果，在交易中就一定要控制好仓位，无论是中长线交易还是短线交易，特别是当一笔交易隐含风险较高时。"轻仓交易"能让我们在股市中更好地生存下去。

# 8.1　风险管控放在首位

当大盘指数小幅波动时，个股可能出现大波动，一些股票甚至会因为某个突发的利空消息而连续下挫，指数的风平浪静不代表风险低；反之，当指数下行时，大多数个股往往紧随其后，跌幅也往往大于指数。可以说，股市的风险还是极大的，对于交易者来说，制定一个可行的操作策略，才能更好地将风险控制在合理范围之内，若我们不能很好地保护本金安全，即使当机会出现时，也只能白白错失。

当风险管控放在首位，有四点要注意：

一是控制投入的资金数量及持有仓位比例。由于股市的巨大波动性及风险性，交易者只宜拿出一小部分资金进行交易，少量的资金参与可以保持一种稳定的心态，从而更好地发挥技术水平；对于仓位来说，在行情较好时，可以重仓或全仓参与；但是在市场较为低迷、市场增量资金不足时，即使存在一些短线机会，也只宜使用部分仓位参与。

二是尽量规避有利空消息或传闻的个股。这类个股可以看作是潜在的风险股，特别是当其身处高位时，一旦传闻属实，下跌空间是巨大的；即使这类股处于相对低位，也不应参与，低位区不代表"低估"，个股仍有破位下行的空间。

三是不盲目跟风，少参与"高高在上"的股票。个股的持续上涨最能吸引市场关注，这样的个股在刚刚启动或累计涨幅不大时可以适时参与，但如果它的中短线涨幅较大，追涨入场的风险无疑是极大的，特别是弱市行情中，这类个股在高位区震荡剧烈，如果我们正好买在其开始回落的时间点，则将出现严重亏损；除此之外，一些看似运行平稳但却身处高位区的个股也是风险标志，这类个股一旦于盘中跳水形成破位，迎来的很可能就是一轮暴跌走势，短线参与获利空间小，而中线参与则有套牢的可能，对于这类风险明显大于机会的个股，是应该规避的。

四是不要迷信"成长性"。股市的最大特征就是波动，短期走势以震荡为主，长期走势往往呈大起大落的牛熊交替格局，当然，这要排除那些业绩不断下滑甚至连续亏损濒临退市的个股。"成长性"的确是支撑股价长期向上的根本，但是，成长性再好的企业也应有一个合理的估值状态，如果个股中期涨幅过大，透支了企业未来几年的成长空间，买入这样的个股也是风险极大的，因为此时我们买入的理由是预期仍有资金承接并推升其上涨，而不是预期企业业绩会爆发式增长；除此之外，有的看似优质的上市公司其业绩可能突然"变脸"，原因多种多样，投资亏损、财务失误等"黑天鹅"事件的出现，都会导致股价的坍塌。规避的最好方法是看其中期走势，是否处于明显的高位，是否在高位区出现了长期的滞涨走势，再结合其估值状态来分析，如果估值不低，即使这类个股当前业绩不错，也宜规避。

# 8.2　及时总结交易经验

每名投资者都会因自己的知识结构、习惯的不同，而形成自己的交易风格，有的投资者擅用分时图、涨停板展开短线交易，也有的投资者通过量价、资金驱动等因素把握中线行情。从持股时间的角度来看，中线与短线各有优劣，短线交易对投资者的技术分析水平、盘感、心态等要求更高，中线交易则要求投资者有一个更广阔的视野、更详尽的布局策略。总体来说，基于股价波动的不确定性、个股的分化特征、市场风格的变化等因素，短线交易的可控性要更强一些，中线布局若不能买在最低点，往往会很被动，因为一旦得出错误结论，很可能陷入越跌越买、深度套牢的不利境地。而短线交易则可以规避这一不利局面，一旦发现买错，可以马上止损出局，而且，其交易也能够跟随大市，当市场较强时，积极地展开交易；当市场低迷、持续下行时，则可以空仓观望，等待反弹入场时机。

对于每一笔短线交易，我们应做到有的放矢，展开交易或者依据题材、概念等市场热点，或者依据量价、分时、K线等盘面形态，或者依据龙头股带动作用、板块轮动等股市规律，并从每笔交易中总结做出正确或错误决策的原因，是对大盘波动性预计不足，还是对市场热点判断有误，争取从每一笔交易中吸取有用的经验与教训，不断地完善交易系统，这样才能让自己的交易成功率快速提升。

## 8.3  心态调整与时机把握

好的心态等于成功了一半，股市或个股的短期波动往往十分剧烈，再丰富的经验、再娴熟的操作技巧也不可能精准地把握股价波动，很多时候虽然方向判断对了，但介入的时机往往稍早或稍晚，此时，良好的心态是我们继续交易的前提条件。如果投资者的心态随着股价的涨跌而起伏不定，就很难冷静地观察市场、做出判断，下跌时可能因过于恐慌而卖在底部，上涨时则因急躁而追涨被套，一笔交易的展开不再依据技术与经验，而是随着心态的变化而展开，这样的交易多会以失败宣告结束。

良好的心态并不是对股价波动的麻目、对市场反应的迟钝，它建立于经验、技术以及盘感之上，当价格走势与预期不符时，此时出现的小幅度盈利或亏损，切不可抱以侥幸心态，而要依据盘面形态的变化及市场热点的转换，冷静观察、细心琢磨、果断操作，这样既可以避免账面资金增减引发的患得患失，也可以更好地提高交易成功率。

对于炒股的心态来说，有一点应特别提及，这就是：股市的机会虽然层出不穷，但我们能够把握的却仅仅是极少数。由于股市是一个对消息、题材十分敏感的市场，而且市场主力资金的出击方向往往也变幻不定，谁也没有未卜先知的本领，想要捕捉股市中的每一波热点行情，这是不可能的，基于经验、能力及对市场理解的不同，不同类型的投资者都会有自己的侧重点，有的投资者关注新股行情，有的投资者关注蓝筹行情，也有的投资者关注题材行情，当我们重点关注某一领域时，往往就会忽略其他领域可能出现的行情，因而，不必对这样的踏空情况而感到失望，这是不可避免的，我们只需把握自己能力范围之内的股市行情就可以实现较为可观的利润增长。

与"良好心态"匹配出现的应该是"时机把握"，有一个良好的心态，才能让自己的操作更具有确定性，更好地平衡"收益—风险"比，也只有这样，当我们发现市场出现机会时，也才不会因手中个股被深度套牢而痛失买入时机。这就要求我们将本金安全放在首要地位，在看不懂市场或个股走向时，宁可空仓错失短线行情，也不应火中取栗，让本金承担较大风险。

# 8.4 题材股的风险

市场热点题材股虽然短线涨势凌厉，但这种上涨多与消息刺激有关，而支撑股价的最终是上市公司的业绩，因而，对于那些因题材而短线飙升的个股来说，当其题材热度减弱后，由于难以再吸市场资金追捧，股价出现短线大幅回落的概率将大大增加，彰显了其较大的短线风险性，若短线高点的题材股又遇到市场调整，这些题材股的中短期下跌速度往往较快，幅度极大。

图 8-1 为龙力生物 2017 年 7 月至 11 月走势图，因"十五部委联合推广车用乙醇汽油"的消息刺激，作为一家具有明确"燃料乙醇"概念的题材股，获得了市场资金的追捧，短线强势上涨，但是，如图标注所示，在短期大涨后的高点，个股不再封板，股价开始大幅震荡，此时参与有着极大的风险。从此股随后的走势可以看到，此股的题材行情是以一波到顶的方式完成的，若高位参与后不能及时出逃，则将深度套牢，使得本金蒙受巨大亏损。

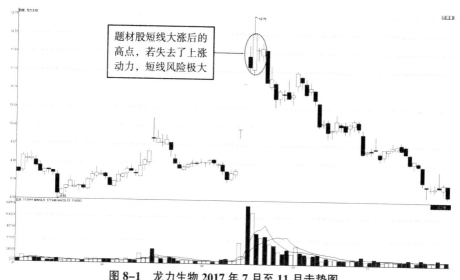

题材股短线大涨后的高点，若失去了上涨动力，短线风险极大

图 8-1 龙力生物 2017 年 7 月至 11 月走势图

很多短线投资者之所以在一波强势上涨后还会在高位平台追涨买入，这是因为一些题材股的确存在二波上攻走势，即第一波连续涨停之后，稍作回调或整理，就展开第二波凌厉的上涨。但这种二波上攻方式的题材行情出现概率较低，而且需要热度较高的题材予以支撑，实战交易中，参与这类个股，短线风险较大，若正好遇上大盘回调，这类高位股的短线风险远大于机会，因而，投资者在短线参与时应控制好仓位，结合量价形态与题材特点综合判断，且设立严格的止损价。

图 8-2 为安凯客车 2017 年 9 月 15 日分时图，此股自 2017 年 9 月 11 日开始，以连续无量"一"字板启动，向上突破了低位平台区，这种走势其实与当时的新能源汽车题材直接相关，消息面上，当日出现行业新闻："我国已启动传统能源车停产停售时间表研究"，从而引发了新能源汽车股的普涨，相关个股大面积涨停，而其中的安凯客车从二级市场走势及盘面分时来看，都是当之无愧的龙头品种，前四个地量一字板对于场外投资者来说难有机会买入，当第五日涨停开板后，此时的股价从 5 元上升至 8 元，结合题材的热度、同类股的普遍强势特征以及个股的龙头特质，作为龙头品种来说，短线仍有一定上冲空间，对于短线投资者来说，可以适当追涨参与；随后此股在

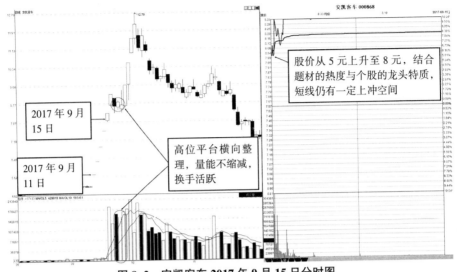

股价从 5 元上升至 8 元，结合题材的热度与个股的龙头特质，短线仍有一定上冲空间

2017 年 9 月 15 日

2017 年 9 月 11 日

高位平台横向整理，量能不缩减，换手活跃

**图 8-2　安凯客车 2017 年 9 月 15 日分时图**

高位平台区横向整理，虽然日内盘中振幅较大，但稳守平台区间，且期间成交量不见缩小，这表明市场换手充分、入场承接资金依旧较为充足，结合个股的龙头特性来看，有望出现二度上攻行情，短线仍可持有。

但是，对于这类个股来说，高点位追涨风险同样不可小觑，二波上攻后的高点位若不能及时卖出，随后将面临着在急速下跌中套牢的风险。从此股随后的走势来看，股价不仅快速回落至二波行情的启动点，在稍作整理后，还再度向下破位并靠拢行情的最初启动平台区域。

# 8.5　"低位股"的风险

在股市中，投资者最"顽固"的思维方式或许就是"低买高卖"了，之所以用"顽固"一词，是因为这种思维方式虽然让我们屡屡亏损，却仍然乐此不疲；"低买高卖"是一个绝对正确的命题，投资者只是忽略了对"低"与"高"的判断方法。

一般来说，对于短线交易，会依据股价波动来辨识"低"与"高"；对于中长线交易，会依据其历史K线走势来辨识"低"与"高"。但市场是发展的、动态的，股价走势仅仅呈现历史，并不能展现未来。运用历史来判断股价的高低点，就是不懂得辩证发展的道理，而且，据此得出的结论往往会导致重大失误。其中，最重要的风险之一就是忽略了"低位股"的风险。

一些个股在经历了股市的牛熊交替之后，从中长线的角度来看是处于低位区，依据牛熊交替的"历史"运行规律，此时的"低位"平台似乎是中长线布局的好时机，但是，随着国内股市环境的改变、价值投资理念的完善以及股市容量的不断扩大，支撑股价的核心要素——业绩，愈来愈受到重视，齐涨共跌的市场格局在悄然发生变化，没有业绩支撑的"低价"股不断地被边缘化，进一步破位下行的概率在不断加大，这些看似身处低位平台的"低价股"隐藏着极大的风险，并不是值得中长线布局的理想品种，下面我们结合一个案例加以说明。

图8-3为智慧农业2014年10月至2017年9月走势图，这是一幅个股近三年的全景走势图，股价最高升至17元上方，随后因股市的震荡下跌而大幅回落，至2017年9月时，股价在低位平台7元附近整理，从股价周期涨跌的历史运行格局来看，这是一个中长期的低位平台，也似乎是一个可以中长线布局的"低位区"，但是，这却是一个潜藏着巨大风险的"低位"平台，因为此股2016年为亏损状态，当年（2017年）的前三季度利润仍为亏损状态，可以说，业绩远远不能支撑当前的"低位"股价，没有业绩支撑的低价股是很难出现牛熊交替运行格局的，换句话说，当前的个股看不到支撑其中长线上涨的动力来自于何处，反之，随着股市对于企业盈利能力的关注度提升，个股破位下行的风险仍然较大。

图8-4标示了此股随后的运行情况，股价从这个看似低位的7元平台一路跌至3元平台，跌幅巨大，这就是K线图上看似是"低价股"的巨大风险。

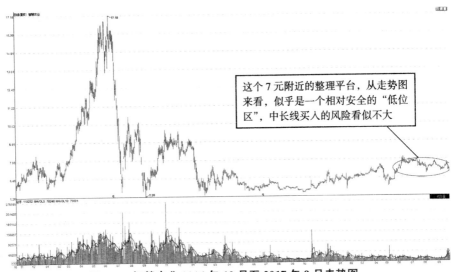

这个 7 元附近的整理平台，从走势图来看，似乎是一个相对安全的"低位区"，中长线买入的风险看似不大

**图 8-3　智慧农业 2014 年 10 月至 2017 年 9 月走势图**

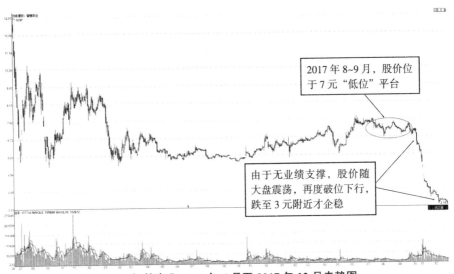

2017 年 8~9 月，股价位于 7 元"低位"平台

由于无业绩支撑，股价随大盘震荡，再度破位下行，跌至 3 元附近才企稳

**图 8-4　智慧农业 2015 年 6 月至 2017 年 12 月走势图**

# 8.6 抄底与追涨的策略

股票交易的简单性体现在"低买高点"上，一买一卖形成了差价，就可以实现获利。但想要成功实现低买高卖，却并非易事，一些投资者将其归之于运气，但好运气不会常相伴，想要稳定、持久地获利，必须有一个更好的策略，而"抄底"与"追涨"这两种宏观视角下的交易模式则涵盖了所有精细划分的交易策略。

一般来说，我们可以将"抄底"称之为"左侧交易"，它是建立在预测中短期底部出现的基础之上，它的风险在于：对个股的下跌幅度与力度预计不足，从陷入"抄底抄在半山腰"的不利境地；对于"追涨"来说，可以称之为"右侧交易"，是建立在股价走势已经转折的基础之上，它的风险在于：由于买在了短线上的相对高点，若个股仅仅是小幅反弹而非行情反转，则易陷入高点被套牢的窘境。

"抄底"与"追涨"是两种完全不同的交易策略，它们没有孰优孰劣之分，基于股市环境的多变性与个股走势的不确定性，在不同的情况下灵活实施交易才是上策。例如：当股市做多氛围较浓、入场资金充裕的时候，此时可以结合个股走势，采取出击强势股的"追涨"策略；而在个股跌多涨少、市场交易清淡的环境下，则更宜实施"抄底"策略。下面结合一个案例来看看我们是如何结合技术面要素实施"抄底"策略的。

图 8-5 为嘉寓股份 2017 年 1 月至 9 月走势图，此股先是在 5 月之前出现了两波独立、强势的上攻走势，在高点位宽幅震荡后，出现了短线大幅下跌走势，股价再度回到了两波上攻行情前的最初启动点，从中线的角度来看，这是一个支撑力较强的位置点；从短线角度来看，个股的短线跌幅巨大，技术上存在反弹空间；如图标注所示，此时的股价走势也连续数日企稳。

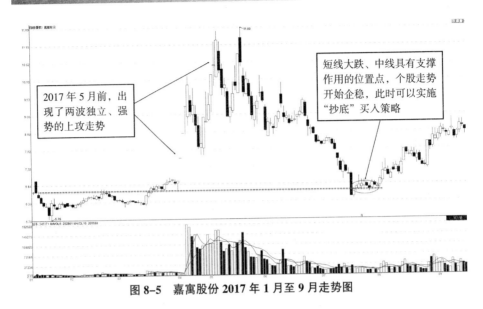

2017 年 5 月前，出现了两波独立、强势的上攻走势

短线大跌、中线具有支撑作用的位置点，个股走势开始企稳，此时可以实施"抄底"买入策略

图 8-5　嘉寓股份 2017 年 1 月至 9 月走势图

　　个股的这一轮下跌仅仅是缘于中小盘指数下跌带动所致，并非个股基本面出现了问题，基于以上几点分析，在短线超跌后企稳、中线具有支撑力的这个位置点，是可以实施中短线买股操作的，这就是"抄底"策略在结合个股具体走势基础上的一次基本应用，至于个股随后的走势是反弹还是反转？上行空间能有多大？则应结合个股随后的走势情况跟踪分析，而不应提前主观臆断。

## 8.7　顺势而为与主观臆断

　　老股民都知道"趋势"这种说法，从中长线的角度来看，一旦价格走势形成了特定的方向，个股就有较强地沿着这一方向运行的动力，"下跌途中不断抄底入场""上涨途中频繁获利抛售"，这是两种典型的"逆势"交易思路。如果仅仅从短线波动的角度来看，因为我们是在波动中赚钱，此时"趋势"这个概念可以弱化，一旦出现短线买卖信号，就应果断操作；但是，从中长线的角度来看，这种过于敏感、频繁交易的策略往往会因小失大、得不偿失。

当我们查看股价走势后，由于它中短线的上涨幅度，或是下跌幅度，我们往往很难抑制自己的预测心理，此时，往往会忽略趋势运行情况，进而实施买卖，这种较为随意的交易方式往往是亏多赢少，还浪费了时间与精力。因而，展开一笔交易之前，我们一定要冷静、客观，看看这笔交易是否属于中线布局，如果是，则应把趋势运行情况这个大前提放在首要位置考虑，再结合当前的市况及个股运行特点来决定是否实施。

除此之外，对于"顺势而为"这个说法，我们还应有更深的理解与领悟，它绝不仅仅局限于价格运行的大方向——趋势，还包括了股市当前的运行风格及市场焦点。

# 8.8 灵活的仓位调度

股市波动较大，即使我们的炒股能力较强，在股市中也没有常胜将军，要实施一笔交易，首先要评估一下这笔交易的成功概率有多高，从而再决定投入多少"兵力"（即资金），这就涉及仓位调度的问题了。仓位调度，也可以称为资金管理，是我们炒股时应重点注意的一个问题。

塔韦尔斯的《商品期货游戏》对调度仓位这个问题有一番精彩的议论："……甲交易者成功的把握较大，但是其交易作风较为大胆，而乙交易者成功的把握较小，但是他能遵循本行保守的交易原则。那么，从长期看，实际上乙交易者取胜的机会可能比甲更大。"这是一个经验之谈，但很多的新股民为了从股市中快速获取厚利，往往是采取激进的方式买卖股票，这正是他们亏损的主要原因之一，也是他们难以在股市中长久生存下去的根源。

那么，应如何调度仓位呢？在买卖股票时，我们不必刻意追求百分之几的机械操作定式，而需要懂得掌握火候、冷静理智地看待股价涨跌，并结合市场格局、自己的交易风格、风险承受能力来灵活地调度仓位。

依笔者经验，我们给出以下几点建议：

（1）持有的股票品种不宜过多，但也不宜过少，且最好不是同类品种。一般来说，手中持有3~5只股票是一个不错的选择，一方面因为个股的走势具有独立性，多持有几只股票有利于我们成功地捕捉到黑马股，另外，也能更好规避个股"黑天鹅"风险。

（2）轻仓博弈好于重仓出击。重仓出击需要承担更大的风险，一旦买错一次，往往就会造成严重的亏损，大伤元气，并深深影响到随后的操作。一般来说，短线交易中，如果看好一只个股时，可以用1/3的仓位参与，最多不宜超过半仓。

（3）短线交易可以"滚仓"操作。所谓的滚仓操作是一种建立在良好短线能力基础之上的交易方法，它是指在买入一只个股获利后，在短线继续看涨此股的情况下，可以使用相近的仓位继续操作其他短线机会，这样虽然增加了总仓位，但整体风险却不大，若是遇到大市走势较强，这种滚仓操作法可以实现资产的快速增长。

（4）设立止损价，保护本金。设定止损价有助于我们保护本金的安全，避免出现因一次误判行情而满盘皆输的境况。短线交易参与的品种往往都是波动幅度较大的个股，设立好止损价可以帮助我们在判断错误的时候最大限度地减少损失，对随后继续捕捉机会保存实力。一般来说，止损价应设在离买入价较近的位置，不宜超过5%，因为一旦股价下跌超过了我们买入价的5%，就意味着之前的判断已经明显错误，此时，及时结束这笔交易要比被动地等待反弹更为主动。

（5）对于中线型个股，可采取金字塔加仓法。对于有业绩支撑、中期走势看好的个股，如果我们打算长期持股，则可以借助于经典的"金字塔加仓方案"来控制仓位。金字塔加仓法是指：当买入的首笔交易获利后，此时的股价涨幅不大，我们仍然看涨，则可以继续加仓。

应用此法则时，有两个原则要注意：一是不能在同一价位附近加码；二是加码的分量只能是一次比一次少，这样才能保住前面的收益，如果加码分量一次比一次重，很可能会造成这样的结果，即一次加码错误就使以前的收益都损失掉，甚至出现亏损。

在减仓时则正好相反，当我们买入的股票已经获利且我们预测个股后期将下跌的话，可以逐步减仓，第一次减仓数量可以大些，这样可以锁定利润，随后，若股价再度上涨，则可再度减仓，减仓数量会小于第一次……以此类推，直至清仓离场。

仓位的控制并不是机械不变的，跟随市场并在实战中积极总结经验，才能更好地规避风险、把握机会，在盈利与风险之间找到适合自己的平衡点。

# 中篇　单独形态实战进阶

　　在推演式分析方法中，每一种单独的技术形态（例如：量价形态、分时形态、涨停形态）就是一个推断依据，也是推演式分析法的根基，通过组合、运用这些推断依据，借助于严密的逻辑思维，我们才能得出更加准确的结论。本篇中，我们去繁化简，只讲解一些实用性强、出现频率高的技术形态，虽然每一种技术形态对价格走势的预测都有着相对较高的成功率，但是，实战中单独应用这些技术形态并不是我们的目标，它们只是我们在继续完善推演式分析方法过程中的一条必经之路，也是一项专门的技术储备。

# 第9章 转向点的关键K线组合

量价分析，虽然核心是量能的变化，但是，在很多时候，量能的变化并不显著，但这并不意味着原有价格走势的延续，此时，一些典型的K线形态就成为了重要线索，它们往往能可靠地预示走势的转向，我们将其称为关键K线形态。这些关键K线形态可以是形态特征较为鲜明的单日K线，也可是双日、三日或多日的组合形态。本章中，笔者结合多年经验、参照经典K线理论，阐述了十余种实战性强、出现频率高的K线组合形态，每一种组合形态都是对一类走势进行的抽象概念，具有高度针对性，利用这些组合、结合股价所处位置点，我们就可以更好地预测短线方向，下面我们就来看看是如何利用这些关键K线形态及时做出买卖决策的。本章及下一章的内容既是第2章"K线分析思路解读"的具体化，也是推演式分析方法的重要基础。

## 9.1 长上影线

长上影线是一种单日K线形态，个股当日的盘中振幅一般不小于5%，它有着较长的上影线，上影线的长度明显大于实体，具体有两种表现形态：长上影阴线、长上影阳线。

长上影线代表着多空双方于盘中发生的激烈的交锋，体现盘中走势先扬后抑的节奏变化，一般来说，它常用于短线高点判断回落走势的出现，此时的长上影线形态有着相对明确的市场含义：多方上攻遇阻，市场抛压加重且主动抛售意愿较强。

图 9-1 为方大集团 2017 年 5 月至 8 月走势图，个股以一个向上缺口实现的跳空突破，虽然当日收盘时的涨幅近 3%，但形态上却是一个鲜明的长上影线阴线，结合当前正处于短线高点来看，个股的突破上攻遇阻，短期内或有深幅调整，应据此形态实施短线卖股操作。

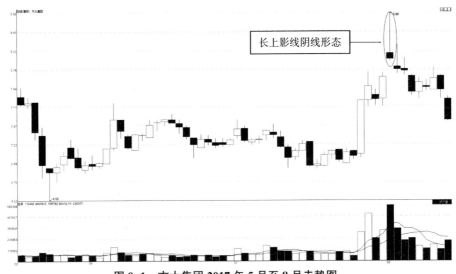

长上影线阴线形态

**图 9-1 方大集团 2017 年 5 月至 8 月走势图**

长上影阴线的下跌含义相对容易理解，毕竟收盘价低于开盘价的阴线形态本身就代表着空方力量的占优，相对而言，长上影阳线更具有"诱多性"，因为长上影线阳线往往还有一个较为鲜明的"阳线实体"，给人一种多方占优、上攻走势或将持续的直观感觉。其实，这往往是一种错误的盘感，我们只是关注了它的阳线实体，而忽略更为重要的"长上影线"信息。个股的短线波动往往频繁、剧烈，这就体现在短期多空力量对比格局往往于盘中快速实现转变上，而这正是长上影阳线向我们发出的短线卖股信号。

图 9-2 为重庆燃气 2017 年 5 月至 9 月走势图，个股在低位整理后的二度突破上攻时，出现了一个长上影阳线形态，虽然从股价的位置区间、短线

涨幅来看，都支持个股向上突破，但突破点鲜明的长上影线阳线却表明突破时的阻力极大，短期内或将继续回调下探，操作中，应本着风险规避的角度，减仓或暂时清仓观望。

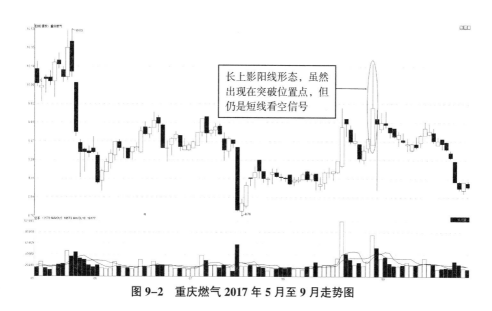

长上影阳线形态，虽然出现在突破位置点，但仍是短线看空信号

**图 9-2　重庆燃气 2017 年 5 月至 9 月走势图**

## 9.2　长下影线

长下影线有着较长的下影线，下影线的长度明显大于实体，具体有两种表现形态：长下影阴线、长下影阳线。

长下影线体现盘中走势先抑后扬的节奏变化，出现在短期低位长下影线形态往往有这样的市场含义：空方抛盘获得了有力的承接，多方于盘中开始反攻。

与长上影线正好相反，长下影线常用于短线低点判断反弹走势的出现，特别是个股短线跌速较快、跌幅较大时，一旦出现了长下影线形态，是短期下跌走势有望企稳反弹的信号。此时的长上影线形态有着相对明确的市场含义：多方上攻遇阻，市场抛压加重且主动抛售意愿较强。

图 9-3 为跨境通 2018 年 2 月 9 日分时图，个股在短线跌幅较大的位置区出现了一个长下影阴线形态，此时的跌势已企稳，从图中右侧的分时图可见，午盘跳水后被快速拉起，这代表着多方的盘中承接力度明显增强，是一个短线反转信号，可以实施短线买股。

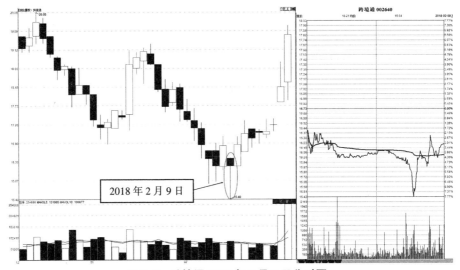

**图 9-3　跨境通 2018 年 2 月 9 日分时图**

由于长下影线常用于抢反弹走势中，因而，买入时机至关重要，相对来说，若个股无明显利好支撑，市场未出现强劲反弹，则长下影线出现之后，个股立刻展开强势反弹的概率并不大，甚至出现次日低开。

结合个股走势来看，若下影线过长且当日处于快速下跌的途中，由于当日盘中的反弹幅度较大，往往会导致短线抛压加重，次日低开概率较大，若我们没能在当日盘中低点入场，则午盘后的盘中高点或尾盘阶段，并不是理想的短线买入时机，宜等到个股随后企稳、二度回探低点时再入场。

图 9-4 为康旗股份 2017 年 11 月 27 日分时图，当日收于长下影线形态，下影线过长且正处于快速下跌途中，因而，午盘后的盘中高点因反弹幅度较

大，并不是最佳短线入场时机，此时买入，很可能因次日低开而陷入短线被套的不利境地。操作中，可以等个股随后企稳、二度回探低点再实施短线买股操作，此时入场，个股反弹空间增大且短线持股风险大大降低。

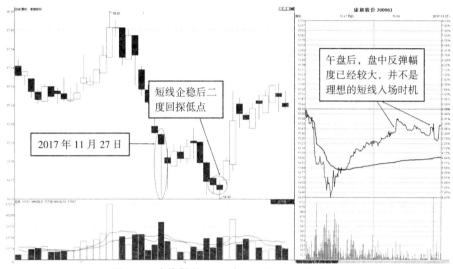

图 9-4　康旗股份 2017 年 11 月 27 日分时图

在应用长下影线形态博取反弹行情时，有一种情况应特别注意，这就是低位整理走势中出现了长下影线，这种形态说明空方抛压较重、个股盘中已出现了明显的破位，虽然收盘前再度收复失地，但随后多方力量的减弱，个股在随后的运行中，很可能因空方的再度发力再破位下行。因而，此情形下的长下影线形态并不是短线上涨信号。

图 9-5 为蓝黛传动 2017 年 11 月至 2018 年 2 月走势图，如图标注，个股于 2017 年 12 月 21 日出现了长下线形态，虽然当日处于低位整理走势中，但这个长下线却并非短线入场信号，原因有二，一是个股短期走势未经过深幅调整；二是长下影线标示了当日的盘中破位，是空方抛售的信号。

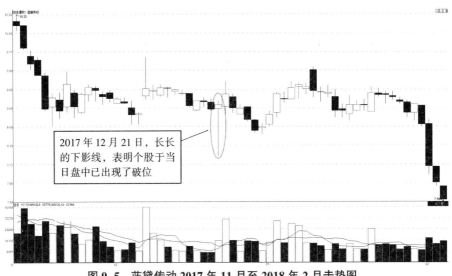

2017 年 12 月 21 日，长长的下影线，表明个股于当日盘中已出现了破位

图 9-5　蓝黛传动 2017 年 11 月至 2018 年 2 月走势图

# 9.3　螺旋桨

螺旋桨是短实体、上下影线较长的单日 K 线形态，这是一种出现频率较高的形态，多见于一波快速上涨走势后的高点，是多空双方分歧加剧的体现。当这种形态出现在一波上涨之后，预示了多方力量开始转弱、空方力量开始增强这种变化倾向，因而，我们应进行短线卖股操作。

图 9-6 为中远海能 2016 年 9 月至 12 月走势图，个股在短线一波快速上冲之后，出现了一个向上跳空、宽幅震荡的螺旋桨形态，这是短线上涨走势或将折返的信号，操作上，应短线卖出。

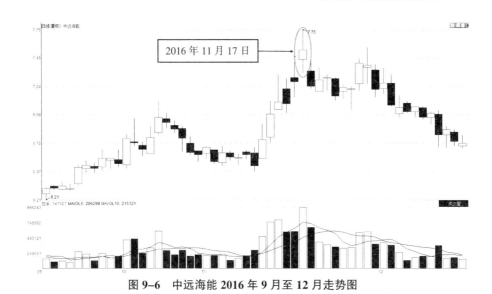

2016 年 11 月 17 日

图 9-6 中远海能 2016 年 9 月至 12 月走势图

## 9.4 包含型组合

包含型组合由两根或多根 K 线组合而成，具体可以分为前包后组合、后包前组合两种形态。

前包后形态（孕线）：两根或多根 K 线呈并排状态，前面一根 K 线的实体更长，且完全包住了后面一根或多根 K 线（即后面的 K 线相对短小），这种组合也称为孕线。当前面一根长 K 线为阴线时，称之为"阳孕线"（后面的短 K 线中包含小阳线），出现在短线低点时多视作反弹信号；当前面一根长 K 线为阳线时，称之为"阴孕线"（后面的短 K 线中包含小阴线），出现在短线高点时多视作回落信号。

图 9-7 为北京利尔 2017 年 4 月至 8 月走势图，个股经深幅调整后，股价正处于宽幅震荡区的低点，此时出现了一个前面为长阴线、后面为短阳线的组合，这是阳孕线形态。出现在此位置区的这一组合是短期内空方抛售力

度开始减弱、多方力量开始积蓄的标志，也预示了反弹行情或将出现，是短
线入场信号。

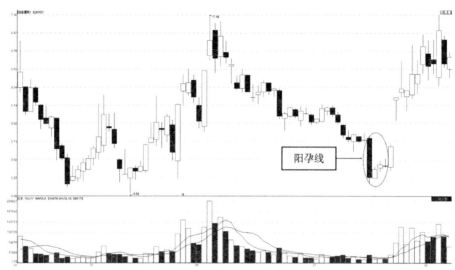

阳孕线

**图9-7　北京利尔2017年4月至8月走势图**

后包前形态（抱线）：两根或多根K线呈并排状态，后面一根K线的实
体更长，且完全包住了前面的一根或多根K线（即前面的K线相对短小），
这种组合也称之为抱线。当后面一根长K线为阳线时，称之为"看涨抱线"，
出现在短线低点时多视作反弹信号；当后面一根长K线为阴线时，称之为
"看跌抱线"，出现在短线高点时多视作回落信号。

图9-8为航天晨光2017年4月至7月走势图，在短期高点的横向震荡
中，个股出现后面长阴线、前面小阳线的看跌抱线组合，这是空方抛压骤然
增强、主动抛售力度大的标志，也预示随后出现深幅调整的概率较大，操作
上，应及时卖出离场、规避风险。

在利用这四种包含型组合展开实战时，我们一定要注意其出现的位置
区，只有当"K线组合"与"位置点"形成"共振"，才可作为判断信号。
例如：对于看涨抱线来说，这是一种较为常见的组合，但并非每次出现的看
涨抱线都是短线上涨信号，在很多时候，当它出现在短线高点或横向震荡中

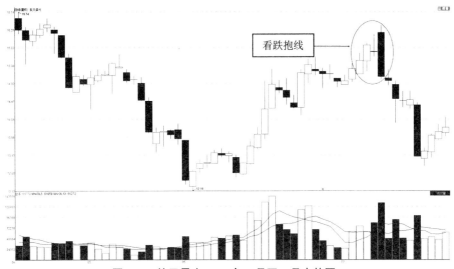

**图 9–8　航天晨光 2017 年 4 月至 7 月走势图**

时，就不构成短线上涨信号，只有当其出现在短线低点时（可以是短线快速下跌的低点，也可以是震荡区的低点），才是相对可靠的反弹上涨信号。

另外值得注意的一点是：抱线彰显了短期多空力量对比格局更快、更强的转变，其所预示的短线反转速度、力度往往也要强于孕线，相对来说，孕线的短线反转走势更为缓和。


# 9.5　错位型组合


错位型组合由连续的两根 K 线构成，形态上来看，前后两根 K 线互相错开，前面的 K 线没有包含住后面的，后面的 K 线也没有包含住前面的。一般来说，出现在阶段性高点的错位型是前阳后阴的组合方式，这称为“乌云盖顶”形态，预示着下跌走势将展开；出现在阶段性低点的错位型是前阴后阳的组合方式，这称为“切入线”（或插入线）形态，预示着上涨走势将展开。

　　乌云盖顶由两根 K 线组合而成，它常出现在一波涨势之中或是震荡区的高点，由一根中阳线和一根中阴线组成，第二根 K 线应高开于第一根 K 线的最高价之上，但收盘价大幅回落，深入到阳线实体之内。

　　图 9-9 为东富龙 2017 年 7 月至 10 月走势图，个股在盘整后的突破位置点出现了乌云盖顶的组合，虽然从整体运行形态来看，个股已经实现了突破，但这种组合并不是成功突破的信号，它的出现是空方力量突然转强且占据明显主动的标志，预示着突破行情或将折返。

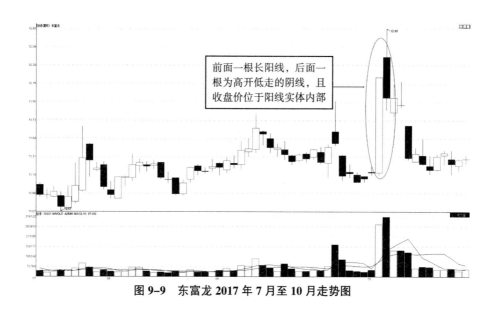

前面一根长阳线，后面一根为高开低走的阴线，且收盘价位于阳线实体内部

**图 9-9　东富龙 2017 年 7 月至 10 月走势图**

　　图 9-10 为拓中股份 2017 年 4 月至 7 月走势图，个股在短线快速下跌后的低位出现了前阴后阳的错位型组合，这种插入线形态是多方力量转强的信号，预示着反弹行情或将出现，可以作为买股信号。

　　实盘操作中，插入线提示的多方力量转强信号并不十分强烈，因而，在个股短期回落幅度较小、短线风险释放不充分时，并不适宜于用这种组合博取反弹收益。

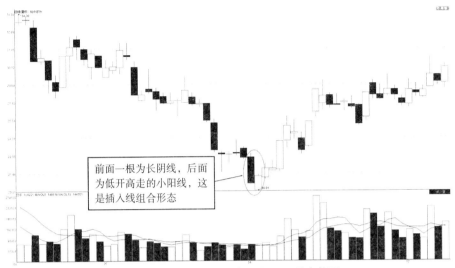

前面一根为长阴线，后面为低开高走的小阳线，这是插入线组合形态

图 9-10 拓中股份 2017 年 4 月至 7 月走势图

# 9.6 反穿型组合

反穿型组合由两根 K 线构成，可以分为两种："低开破位线""上涨穿越线"。我们先来看看"低开破位线"，在这一组合中，个股首先收于一根阳线，次日则是低开低走且收盘价明显低于前一根阳线当日的开盘价，一般来说，阴线实体较长。从组合形态上来看，后面的一根大阴线向下跌破了前面的阳线区域。

当这种形态出现在盘整区下沿或是短线上涨后的高点时，它可以看作是空方力量骤然增强的信号，多预示着短期内一波跌势的展开。实盘中，这是一种短线跌速较快的组合形态，在识别出这种形态后，应果断卖出离场。

对于低开破位线来说，有一种较为极端的情形：如果次日的阴线以跌停板报收，则个股短期的下跌速度与幅度将极为惊人，我们不可恋战，第一时间卖股离场方为上策。

图 9-11 为联发股份 2017 年 11 月至 2018 年 2 月走势图，个股在中短期的低位区出现了长时间的横向窄幅整理走势，随后，出现了低开破位线的双日组合，这表明当前仍是空方力量占据主导，这个整理平台也只是下跌途中的中继整理，操作中，应及时卖出离场，以规避破位下行的风险。

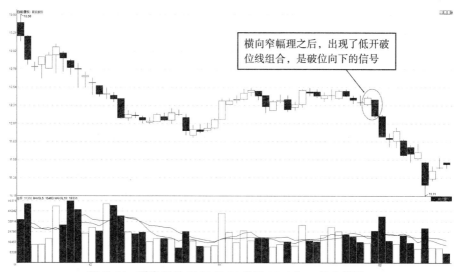

> 横向窄幅理之后，出现了低开破位线组合，是破位向下的信号

**图 9-11　联发股份 2017 年 11 月至 2018 年 2 月走势图**

图 9-12 为紫光股份 2017 年 9 月至 12 月走势图，个股在一波上涨后的高点出现了低开破位线组合，这是短线上攻或将结束、一轮快速调整走势出现的信号，应及时卖出离场、锁定利润。

"高开穿越线"组合中，个股首先收于一根阴线，次日则是高开高走且收盘价高于前一根阴线的开盘价，一般来说，阳线实体较长。从组合形态上来看，后面的一根大阳线实现了对前面阴线的反转穿越。

高开穿越线组合是多方力量突然增强的信号，这种形态在短线急速下跌走势中的实战价值较为突出，当个股短期跌速较快、跌幅较深时，若出现了这种高开穿越线，很有可能预示着 V 形反转的出现。

图 9-13 为金卡智能 2017 年 12 月至 2018 年 3 月走势图，个股短期深幅下跌后的低位区开始横向企稳，如图标注，出现了一个高开穿越的组合，这

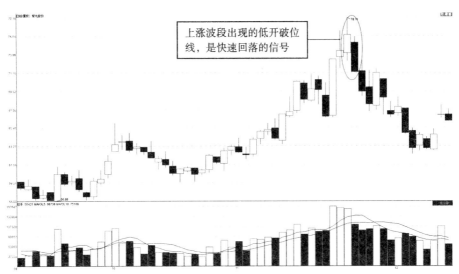

上涨波段出现的低开破位线，是快速回落的信号

图 9-12　紫光股份 2017 年 9 月至 12 月走势图

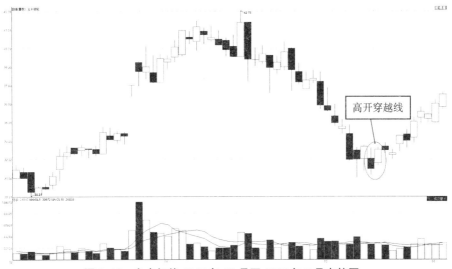

高开穿越线

图 9-13　金卡智能 2017 年 12 月至 2018 年 3 月走势图

表明多方力量已开始占据优势且有较强的主动上攻意愿，预示着反弹行情或将出现，是短线买股入场信号。

# 9.7 弧底型

弧底型由多根 K 线组合而成，它是一种较为常见的局部反转向上形态，实战性强、价值突出。弧底型组合由左侧一根中（长）阴线、右侧一根中（长）阳线、中间多根整理型的小阴小阳线组合而成，中间的多根 K 线位于左侧阴线收盘价附近。

从形态上来看，可以近似画一个弧形，当这种组合出现在短线跌幅较大的位置区时，是多方力量开始缓慢增强、逐步占据优势的标志，也预示着反弹行情即将出现，可以作为入场信号。

图 9-14 为长信科技 2016 年 6 月至 9 月走势图，个股在短线下跌后出现了这种"弧底型"局部 K 线形态，据此形态，可以预计，个股再度向上进入宽幅震荡区的概率较大，操作上，可以适当买股入场。

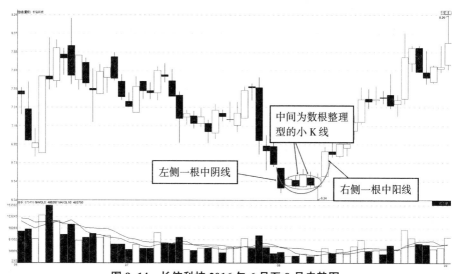

**图 9-14 长信科技 2016 年 6 月至 9 月走势图**

在应用弧底型组合形态时，左侧的阴线与右侧的阳线在长度对比上并无明确要求，左侧的阴线可以长于或短于右侧阳线，这一形态的重点是：左侧阴线使得个股创出近期新高，而右侧阳线则使得股价重心向上脱离了中间整理区域。只要个股的 K 线组合符合这一含义，就可以认为它是一个标志着多方力量转强的弧底型组合。同理，对于下面将要讲到的弧顶形态组合，我们也可做类似的理解。

# 9.8　弧顶型

弧顶型与弧底型正好相反，弧顶型组合由左侧一根中（长）阳线、右侧一根中（长）阴线、中间多根整理型的小阴小阳线组合而成，中间的多根 K 线位于左侧阳线收盘价附近。当这种组合出现在短线上涨后的高点时，是空方力量开始缓慢增强、逐步占据优势的标志，也预示着回落走势即将出现，可以作为离场信号。

图 9-15 为梦网集团 2017 年 8 月至 11 月走势图，这是一个左侧长阳线、右侧中阴线的弧顶型组合，右侧的中阴线使得股价重心快速下跌、向下远离中间整理区域，这是空方力量积蓄后开始发力的信号，也预示着短线回落走势即将展开，是卖股信号。

一些趋势向上的个股在震荡上扬过程中往往也会出现这种弧顶型组合的调整形态，此时，它只代表股价的短线回落，并不是趋势的转向，操作中，判断趋势的运行至关重要，我们可以从股价所处位置区间、短线调整时的量能变化来把握短线买回时机，避免踏空升势。下面结合一个案例来看看实战中的具体分析方法。

图 9-16 为晶盛机电 2017 年 5 月至 10 月走势图，个股在突破横向整理区时出现了弧顶型组合，由于突破走势刚刚出现，多空分歧会明显加剧，弧顶型所预示的短线回落或将较深，一般会跌至突破前的启动位置区，此时，

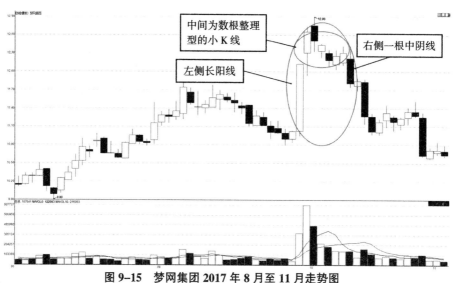

图 9-15 梦网集团 2017 年 8 月至 11 月走势图

（图中标注）
- 中间为数根整理型的小 K 线
- 右侧一根中阴线
- 左侧长阳线

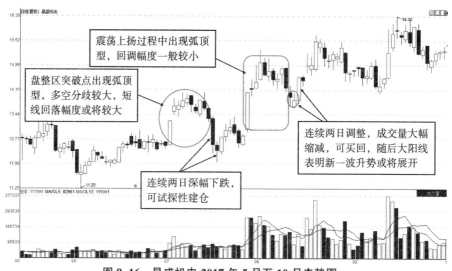

图 9-16 晶盛机电 2017 年 5 月至 10 月走势图

（图中标注）
- 震荡上扬过程中出现弧顶型，回调幅度一般较小
- 盘整区突破点出现弧顶型，多空分歧较大，短线回落幅度或将较大
- 连续两日调整，成交量大幅缩减，可买回，随后大阳线表明新一波升势或将展开
- 连续两日深幅下跌，可试探性建仓

可适当买回，如果个股随后有步入升势的动力，一般会在这一位置区出现强劲反弹；随后，个股震荡上扬、再度出现弧顶型组合，此时的震荡上扬格局相对清晰，多空分歧不如行情刚突破时来得强烈，一般来说，股价回落至弧顶型组合中左侧大阳线中间点时，会遇到承接，此时是一个短线买回时机。

在本例的操作中，我们发现：在弧顶型组合出现在震荡上扬格局中时，它所预示的短线回落往往极为短暂，当我们在随后两日回落中的低点买入后，一般都会因个股的强势反弹而开始短线获利。这也是操作中应注意的一点，它提示我们：我们预期个股正步入升势，且在弧顶型回落后买入，若个股未出现强势反弹、买入仓位始终难以获利，则我们预期的升势很可能并不正确，应及时调整思路、降低仓位。

# 9.9　推动型组合

推动型与压迫型的 K 线组合均为多日组合形态，它们在个股走势中十分常见，是我们把握一波升势行情或规避一波跌势行情的重要信号。本节中，我们先来看看推动型组合。

推动型组合由多根 K 线组合而成，常用来判断个股的短线上涨，它的构成方式为：先是左侧为一根推动股价上涨的大阳线；次日若出现小幅度高开，则当日可收于小阳线或小阴线；次日若平开或小幅度低开，则当日收于小阳线，且收盘价高于上一交易日收盘价；随后数日小阳、小阴线整理运行，股价重心上移或回落的幅度较小，也可以是横向的窄幅整理。

在推动型组合中，我们刨除了次日"平开（或低开）低走的小阴线"这种情形，这是因为，小幅度的跳空缺口出现保证了多方力量的相对优势，因而当日可以收于小阴线；而如果次日出现的是"平开（或低开）低走的小阴线"这种形态，往往预示着上一交易日的大阳线或是多方力量昙花一现的表演，并不具有持续性。

在推动型组合中，我们要特别注意大阳线次日的 K 线形态，无论当日收于阳线还是阴线，都应是实体较短、影线较短的形态，如果影线较长（即当日振幅较大），则此时的组合就不能称为推动型组合，并不具有看涨含义。

推动型组合均是买盘入场较为积极、多方有意推动价格上涨的信号，当推动型组合出现在一波上涨走势的起始阶段时，它的中短线看涨含义最强，是波段买股的明确信号。

图 9-17 为中国巨石 2017 年 8 月至 11 月走势图，在低位区长期整理之后，个股先以一根大阳线实现了突破，次日收于跳空型的小阳线，随后数日则是窄幅整理、股价重心缓缓上移，这就构成了推动型组合形态，预示着突破上扬行情仍将持续，操作中，在识别出这种组合之后，可以逢盘中低点买股入场。

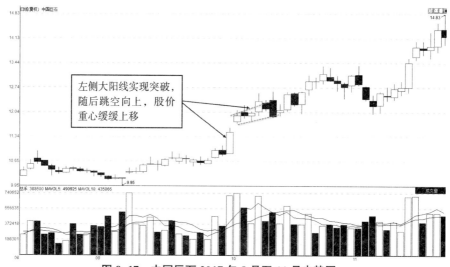

图 9-17　中国巨石 2017 年 8 月至 11 月走势图

市场上的多空力量对比格局是瞬息万变的，前面可能出现了买入信号，但随后就出现了卖出信号，我们应该根据后面出现的信号实施操作，这样才能紧随市场，灵活应对，短线成功的概率也更高。

图 9-18 为幸福蓝海 2017 年 8 月至 10 月走势图，个股在盘整区突破点出现了推动型组合形态，此时可以短线看多、持股待涨，但是，随后的上攻却出现了形态鲜明的阴孕线组合形态，这是一个短线卖出信号，操作中，我们也要及时调整思路，跟上个股的这种变化，实施短线卖出。

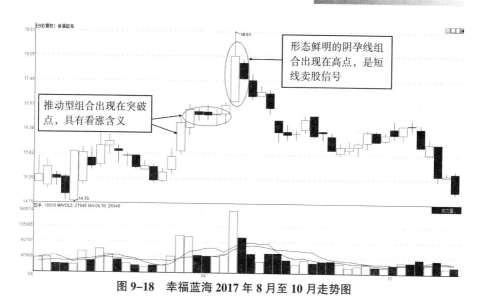

图 9-18　幸福蓝海 2017 年 8 月至 10 月走势图

# 9.10　N 字上攻组合

对于推动型组合来说，它还有一种变形，这就是"N 字无组合"。与推动型组合略有不同，在左侧大阳线推升股价后，个股并没有强势地整理不回落，而是随着小阳线、小阴线而缓缓下行，当股价回落至左侧推动型大阳线当日的开盘价附近时，再度出现了一根实体较长的大阳线，使得当日收盘价接近或超过近期高点，从整体形态上来看，正如大写的英文字母"N"，故称为 N 字形组合。

当 N 字形组合中的右侧大阳线为涨停板时，这种组合形态常与主力资金的积极运作有关，此时的 N 字形组合往往是强势上攻前的一次短暂震荡，此时也是很好的短线入场时机。

图 9-19 为韶钢松山 2017 年 8 月 25 日分时图，从图中左侧可以看到，个股整理区低点出现了 N 字形组合的上攻形态，右侧的大阳线为涨停板，当

日此股在尾盘阶段打开了涨停板，从日K线图来看，当日放量效果较为温和，个股出现了脉冲式量能形态的概率较低，这种放量可以视作多方力量充足的信号，而右侧大阳线的N字形组合又是短线上攻力度强的标志，因而，短线上，可以在尾盘开板后实施相对积极的追涨买入操作。

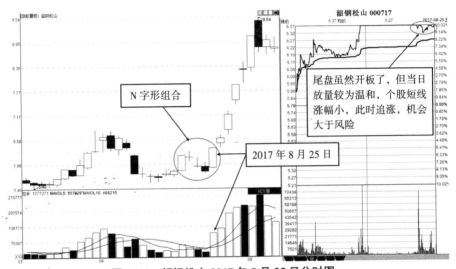

N字形组合

2017年8月25日

尾盘虽然开板了，但当日放量较为温和，个股短线涨幅小，此时追涨，机会大于风险

**图 9-19　韶钢松山 2017 年 8 月 25 日分时图**

除了急势的涨停型N字组合外，也有一些相对缓和的大阳线型N字组合，在参与这类组合时，这类N字组合常出现在整理区的突破点，操作上，可以在随后的强势整理中介入，相对来说，短线的追涨风险较小，但个股的上攻行情也相对缓和，需要一定的持股耐心。

图9-20为中天科技2017年8月至10月走势图，个股在横向整理后的突破点出现了相对温和的N字组合上攻形态，如图中标注，N字组合后出现的两日强势整理是中短线入场的好时机。

在应用N字组合时，我们应关注成交量的变化，一般来说，左右两侧的大阳线应出现相对的放量，特别是右侧的大阳线，量能的放大表明买盘入场积极、多方上攻力量较强，也是随后短线上攻力度大的标志。

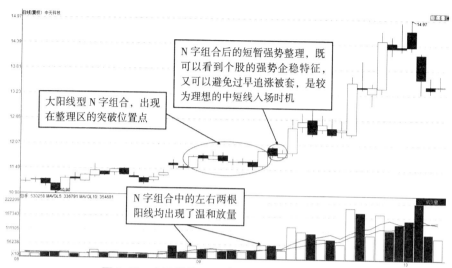

N 字组合后的短暂强势整理，既可以看到个股的强势企稳特征，又可以避免过早追涨被套，是较为理想的中短线入场时机

大阳线型 N 字组合，出现在整理区的突破位置点

N 字组合中的左右两根阳线均出现了温和放量

图 9-20　中天科技 2017 年 8 月至 10 月走势图

# 9.11　压迫型组合

压迫型组合，股价走势在空方的压迫下出现了重心下移，它的形态构成与推动型组合正好相反，其构成方式为：先是左侧为一根压迫股价下跌的大阴线；次日若出现小幅度低开，则当日可收于小阳线或小阴线；次日若平开或小幅度高开，则当日收于小阴线，且收盘价低于上一交易日收盘价；随后数日小阳、小阴线整理运行，股价重心下移或反弹的幅度较小，也可以是横向的窄幅整理。

在压迫型组合中，我们刨除了次日"平开（或高开）高走的小阳线"这种情形，这是因为，小幅度的向下跳空缺口的出现代表着空方力量的相对强势，因而当日可以收于小阳线；而如果次日出现的是"平开（或高开）高走的小阳线"这种形态，往往预示着多方力量有增强的趋向，并不构成短线下跌信号。

在压迫型组合中，我们同样要注意大阴线次日的 K 线形态，无论当日收于阳线还是阴线，都应是实体较短、影线较短的形态，如果影线较长（即当日振幅较大），则此时的组合就不能称为压迫型组合。

压迫型组合的出现，代表着空方力量当前占据着明显优势，多方反击力量很弱，随着后续卖盘的涌出，股价走势再度向下的概率大增，特别是当其出现在盘整区下沿或是短线高点滞涨区间时，是更为可靠的短线下跌信号。

图 9-21 为蓝黛传动 2017 年 9 月至 11 月走势图，个股短促的反弹过程中，出现了压迫型组合的回落方式，这表明空方力量再度占据了主动，在这一压迫型组合中，随着整理的持续，股价重心缓缓下降，这正是多方承接力度明显不足的标志，也是价格走势将再度向下信号，此时不可过早抄底入场，因为在压迫型组合出现之后，个股在卖盘抛售下，再度下行的概率还是极大的。

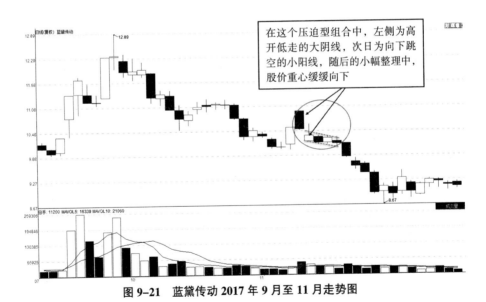

图 9-21　蓝黛传动 2017 年 9 月至 11 月走势图

# 9.12 收敛型组合

收敛型组合是指在个股的横向震荡过程中，震荡高点逐波走低、震荡低点逐波走高，将高点与高点相连接、低点与低点相连接，两条线可以在右侧会聚于一点，形态上来看，构成了一个收敛三角形区域。

收敛型组合的出现，代表着多空双方力量对比格局开始趋于平衡，是价格走势将要出现选择的信号，一般来说，如果随后股价向下跌破了收敛型区域，且无法快速收复失地，多预示着空方力量经之前的震荡格局后开始占据优势，是下跌行情将要出现的信号；反之，则是上涨行情出现的信号。

图 9-22 为恒星科技 2017 年 6 月至 2018 年 2 月走势图，如图标注，经长期的震荡整理之后，个股向下跌破并持续运行于收敛形区域下方，这表明空方占据了主动，是破位下跌行情或将出现的信号，中短线操作中应卖出。

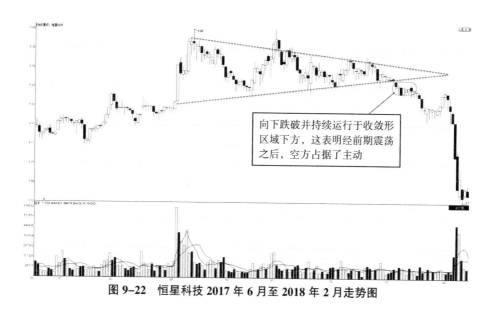

向下跌破并持续运行于收敛形区域下方，这表明经前期震荡之后，空方占据了主动

**图 9-22 恒星科技 2017 年 6 月至 2018 年 2 月走势图**

# 9.13　形态需兼顾量能

　　K线的局部组合方式千变万化，仅仅凭借着一些固定的组合形态是无法有效应对的，前面讲到了10类局部K线形态虽然是在抽象的基础上进行的模型概括，但这只是万千K线组合方式中的沧海一粟，要想更好地运用K线形态展开实战，我们首先要能够识别一些特定的组合方式，但这仅仅是入门技能；深入地理解这些组合形态、弄懂其市场含义，才能更好地运用它们，因为在很多时候，这些组合形态也许并非具有它所特指的多空信息，如果我们不能结合当时的市场环境、个股的位置点以及一些消息面等因素综合考虑，在运用中就会有失准确。

　　股市的复杂性就在于它没有固定成规的走势格局，很多投资者在学习了经典的K线形态后，运用效果却往往不理想，这一方面是缘于经典形态的实战性并不强，另一方面也是缘于投资者并没有真正掌握技术形态交易的核心——量价配合。

　　形态只是股价运行的轨迹，它虽然可以向我们提供一些多空信息，但有时却并不准确，因而，在很多时候需要观察成交量的变化，以此来验证我们的判断。例如：本章前面讲到的螺旋桨形态，这种形态出现在短线高点时，它被看作是一个回落信号，但是，这种判断多是建立在当日出现了脉冲式放量或者是探头式放量的基础之上的，如果当日放量温和，与上一交易日放量幅度相近，它一般就不是短线回落信号。

　　但成交量也不可以单独运用，仍以脉冲式放量为例，若当日收于大阳线且个股正处于低位整理区的突破点，只要当日的放量幅度没有达到近一年来的峰值，则这一脉冲放量就不是短线下跌信号，我们仍可短线看涨并继续持有，直至出现回落信号。（随后有单独的章节讲解"脉冲式放量"）下面我们结合一个案例来看看在运用K线组合形态展开实战时，是如何通过量能形态修正交易行为的。

图 9-23 为深桑达 2016 年 12 月至 2017 年 1 月走势图，个股先是以一根长阳线突破了长期整理区，次日跳空高开、收于小阴线，随后的多日收于小阳、小阴线，股价重心缓缓下移。从整体组合来看，这是一个类似于"推动型组合"的局部形态，而且，它出现在长期整理后的突破启动位置点，应是一个短线上涨信号。但是，在我们得出这样的结论时，却忽略了量能的变化，如果观察跳空小阴线当日的成交量就会发现，当日的量能接近一年来的峰值，随后的大幅缩量则使得其形成"脉冲放量"效果，而这种量价组合非但不是上涨信号，一般多预示短期的深幅回落，应及时卖出。

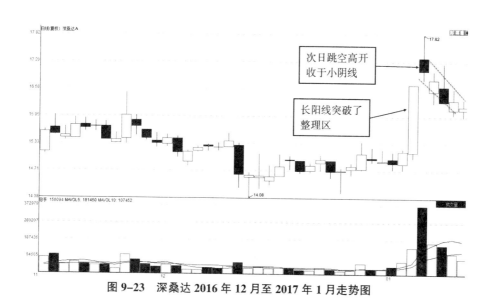

图 9-23　深桑达 2016 年 12 月至 2017 年 1 月走势图

这就是成交量形态对于原有 K 线组合所发出多空信息的一种修正，实盘操作，统筹兼顾多种盘面信息才能得出更准确的结论，K 线形态只考虑了股价运行轨迹，而量价分析则既考虑价格走势又关注量能变化，因而，它所发出的信号往往更准确。

# 第 10 章　K 线模式与中短线管控

与短线走势中的转向点关键组合形态不同，K 线模式更关注中线趋势走向，虽然我们以短线交易为主，但是若不能正确地判断趋势运行情况，在仓位的控制及调度上就会十分被动。

市场上的趋势运行并不是非升即降，很多时候都是以反复震荡为主基调的，利用传统的技术分析工具，例如：移动平均线，往往不能很好地判断中线走向，操作上也将十分被动，常常会出现追涨被套、止损后却反弹的错误操作。

但 K 线模式则不同，K 线模式也可以称为整体模式，它并不是指代真正意义上的趋势运行情况。只是帮助我们理解最近几个月内市场或个股多空力量的整体对比格局，我们还需要结合当前的位置区及量价配合等因素来判断未来的价格发展方向。

例如：当个股在上升途中出现了较长时间的盘整，随后深幅下跌，并于中期低点持续地横向整理，此时从移动均线角度来看，升势难以持续，但这种判断很有可能失真。一旦个股在低位整理区出现长阳线，很可能就是新一轮攻势展开的信号，这就对应于 K 线模式中的"整理区之后的长阳突破"，利用这种模式，无论是中线，还是短线，我们得出正确结论，并实施成功交易的概率就会大大增加。

就 K 线的整体模式来说，主要有回调、反弹、突破、破位、宽振等几种模式，正确地识别这些模式，对于我们的短线交易将有极大的帮助。

# 10.1 长阳（跳空）突破模式

　　长阳（跳空）突破模式主要出现于窄幅整理走势之中，个股以一根长阳线（或是向上跳空型的阳线）实现了对这个窄幅整理区间的突破，这是多方蓄势充分并开始发力的信号，预示着一轮上升行情的展开。

　　在应用这种模式时，我们一要关注窄幅整理区的具体形态；二要关注价格当前所处的位置区间。一般来说，"低位区间+窄幅整理走势中出现股价重心略微上移"，这种组合最为理想，"低位区"预示着后期上升空间较为充足，因而在突破模式刚刚出现时追涨入场的风险较低；"窄幅整理走势中出现股价重心略微上移"则买盘入场积极、多方力量积极蓄势的信号之一，而随后的突破型长阳线则可以看作是蓄势充分、行情启动的信号。

　　图 10-1 为融捷股份 2017 年 4 月至 8 月走势图，个股先是在中长期的低位区横向震荡，上下波动幅度在 20%附近，结合前期的宽幅震荡形态来看，此区域虽然存在多空分歧，但空方力量已不再占据主导；随后，股价上扬，在震荡区的上沿位置点横向窄幅整理，这表明经历了之前的震荡区间，多方力量得到了加强；这个窄幅整理区也是个股方向待选择的一个过渡环节；紧随而至的长阳突破形态承接了我们之前的分析结论，因而，这是一个相对可靠的上攻信号。至此，长阳（跳空）突破模式正式出现，一轮上攻行情或将展开，由于此时的中短线涨幅较小，操作上，可以选择在第一时间追涨入场；也可以逢随后的短线回调之机买入。

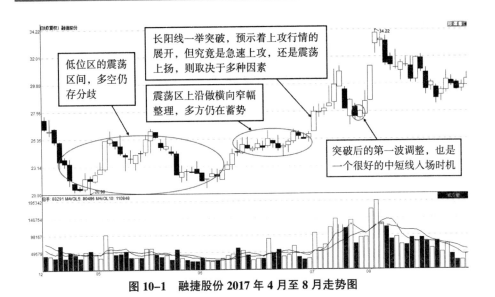

图 10-1　融捷股份 2017 年 4 月至 8 月走势图

## 10.2　急速突破后的反转

对于突破模式来说，它有一种相对急势的表现方式，这就是涨停板突破，但这种突破往往与市场对个股题材的关注有关，一旦短线上攻过于迅捷，而题材热度又不够，则易引发快速、深幅的回落，因而，对于这种方式的突破走势，我们不宜以中线的交易策略——持股不动，而应结合个股的盘面形态，在短线高点积极地获利了结，以规避题材热度骤减后的深幅调整。这可以看作是对前面一节"长阳（跳空模式）突破模式"交易策略的一种补充。

图 10-2 为维格娜丝 2018 年 1 月 31 日分时图，个股首先在中长期的低位区出现了较长时间的横向整理运行，至 2018 年 1 月 29 日，因公布业绩预增公告、叠加次新股概念，以一个跳空高开的强势涨停板实现了突破，这属于跳空突破，较为急势，但也预示了短线的急速攻，短线操作中，当日是追

涨入场的好时机，因为个股一旦牢牢封板，次日大幅高开的概率较大，若在次日追涨买入，短线追涨被套的风险将陡然提升。

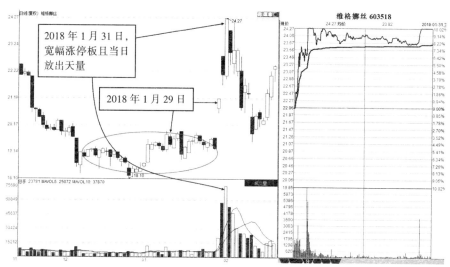

图 10-2　维格娜丝 2018 年 1 月 31 日分时图

对于这种急势的突破模式，由于它是在消息及题材的刺激下催生的，因而，短线过快的上涨往往会引发大量的获利盘离场，造成深幅调整，对于持股者来说，应密切关注盘面变化，争取第一时间捕捉到短线离场信号，这样既可以不踏空短线上攻行情，也能更好地锁定利润不缩水。

而这个短线离场信号就出现在随后的 1 月 31 日，当日个股收于一个盘中振幅较大的宽幅型涨停板，且封板方式为尾盘上封，就涨停分时图形态来说，这是一个弱势型涨停板，当其出现在短线高点时，随后下跌的概率较大；从量能来说，当日量能接近一年来的峰值，这种天量形态同样是一个短线下跌信号。两者叠加，本着资金安全的角度出发，当日收盘前个股已发出短线回落信号，短线操作也应及时跟进，卖股离场。

# 10.3 低开（长阴）破位模式

低开（长阴）破位模式是指个股以一个向下跳空的缺口（或者是长阴线）打破了原有的运行格局，这种运行格局可以缓慢地反弹回升，可以是短线高点的滞涨，也可以是横向整理走势。

向下缺口（或者是长阴线）的出现，是空方力量突然转强、开始主动性大力抛售的信号。如果个股没有之前中长期稳健攀升的趋势运行格局为背景，一般来说，这种破位模式都有着较强的短线杀伤力，常常预示了一波快速、深幅下跌行情的出现。下面我们结合案例来看看如何应对这种破位模式。

图 10-3 为中捷资源 2017 年 11 月 20 日分时图，个股在低位区经历了长期的横向整理，这个整理区的持续时间较长，如果这个区域是多方蓄势区，则随后将突破上行；反之，则将破位向下。随后，2017 年 11 月 20 日，个股

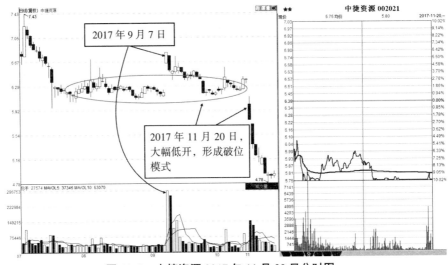

图 10-3　中捷资源 2017 年 11 月 20 日分时图

大幅度跳空低开，开盘后不久就砸向了跌停板，这是一个典型的整理后的破位下行模式，至此，中短线运行方向已经明显，如果之前在盘整区买入了个股，则当日盘中应果断止损离场，不宜抱有反弹幻想。

对于此股来说，2017 年 9 月 7 日的涨停板跳空突破模式是一个关注点，但这次的突破并不成功，如何规避这样的突破陷阱呢？其实，盘面上的量价配合早已给出了线索。当日虽然是一个早盘封板的强势涨停形态，但成交量却创出了近一年来的最高值，天量涨停板出现在更多的时候是主力出货的一种手法，由于这种天量的放量效果很难持续，因而个股并不具有良好的短线攻击力，操作上，依据这个"天量"形态，我们有充足的理由不实施买入操作，从而也就避免了追涨被套的风险。

大幅度的破位缺口因为短线波动剧烈，会引起投资者的关注，从而采取适当的操作。但是，小幅度的跳空往往会给人一种偶然"波动"的假象，特别低位整理区出现的小幅破位缺口，甚至会引发部分抄底盘入场，殊不知，这是一种极危险的操作。实盘中，对于这种出在低位整理走势之后的小幅破位缺口，我们一定要提高警惕。

图 10-4 为海欣食品 2018 年 1 月 31 日分时图，从图中左侧的日 K 线运行来看，当日出现了小幅破位缺口，个股在早盘阶段一直弱势运行于均价线下方，多方无反攻意图，这表明此破位缺口的出现并非偶然，空方力量已然在盘整之后占据了主动，这个小幅破位缺口就是空方或将开始主动抛售的信号，随后当日盘口弱势分时运行的持续，午盘之后出现跌幅加大，向下跳水的概率也在增加，短线交易上，早盘阶段应果断卖出，规避这类形态上出现破位的潜在风险股。

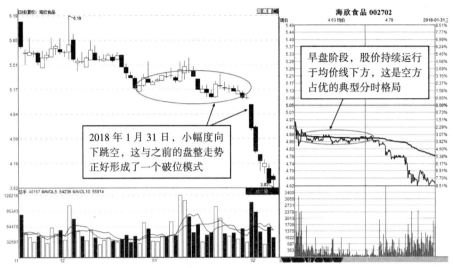

图 10-4　海欣食品 2018 年 1 月 31 日分时图

# 10.4　宽幅震荡模式

　　大的上升行情或下跌行情并不常出现，以几个月的中期时间跨度来说，市场多是以横向震荡的方式运行，而个股的震荡幅度往往更大，在很多时候，一些看似向上突破或向下破位的运行格局并不具有持续性，价格随后还会反转回到震荡区间，因而，在分析市场及个股运行时，我们一定要对震荡模式有一个充分的认识。

　　震荡模式，也可以称之为宽幅震荡模式，它与上下波动幅度较窄的整理走势并不一样，一般来说，其上下波动幅度至少要超过 20%，这种走势是多空双方交锋较为激烈，但却没有哪一方明显占优的体现。

　　一旦震荡模式出现，就会在震荡区上沿位置点形成阻力位，即当个股经一波反弹上涨而接近或达到宽幅震荡区的上沿位置处时，会有着较强的短线获利抛压及解套抛压，突破时的阻力较大，而且难以一次突破成功；并在下沿位置点则形成支撑位，即经短期内一波深幅回至震荡区下沿时，将遇到抄底盘、补仓盘等承接，起到较强的支撑作用。

在操作上，宽幅震荡模式更宜于展开波段交易，在结合量价、K线、分时等技术要素发出买卖信号后，可以相对准确地把握住波段低点入场时机、波段高点卖出时机。

图10-5为视觉中国2017年8月至2018年2月走势图，个股经一波上扬后，开始横向的宽幅震荡格局，在图中用"A""B"标示了震荡区的低点与高点，依据这两个点可以画出支撑线与阻力线，以此作为随后波段买卖点的一种预判。当股价回落至支撑线附近时，将获得一定的承接力，此时或有反弹行情出现，可以实施波段买入；反之，当股价经一波上涨至阻力线附近时，会遇到较为抛压，此时或再度回落，宜短线卖出。

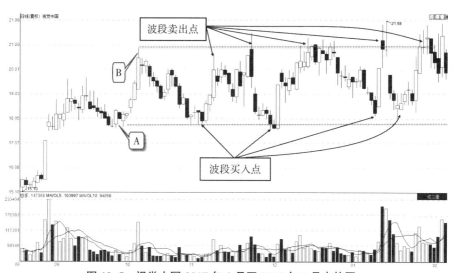

图10-5　视觉中国2017年8月至2018年2月走势图

当然，阻力线与支撑线提示买卖点的方法只是一种较理想的波动格局，具体到个股身上，反弹上扬未必会触及阻力线，也可能短暂突破阻力线；回落时未必踩到支撑线，也可能暂时跌破支撑线。此时，对于波段买卖时机的把握，我们还需要结合分时、量价、当时大盘运行等具体因素。

# 10.5 震荡模式的改变

宽幅震荡模式只是一个相对较长的过渡阶段，随着震荡的反复，个股最终将面临方向的选择，或者是突破上攻，或者是破位下行，一般来说，宽幅震荡模式刚刚出现时，第一次回踩支撑位时的破位概率最低（假设个股最终将破位下行），随后每多一次回踩，破位风险就会增加一成，操作中，我们也要结合震荡模式的发展而控制好仓位，规避好短线抄底被套的风险。

图 10-6 为常铝股份 2017 年 6 月至 11 月走势图，对于个股在短期高点出现的宽幅震荡，我们可以标出支撑点 A 及阻力点 B，如图标注所示，当个股第二次回踩支撑位时，再度向上反弹的力度很弱，这是多方力量明显减弱的信号，如果我们在之前的支撑位附近抄底入场了，此时应及时减仓、控制风险，随后，个股以一个长阴线向下跌破了震荡区的下沿支撑位，这是一个长阴线破位模式，预示着一波下跌行情即将出现，也是原有震荡模式或将结

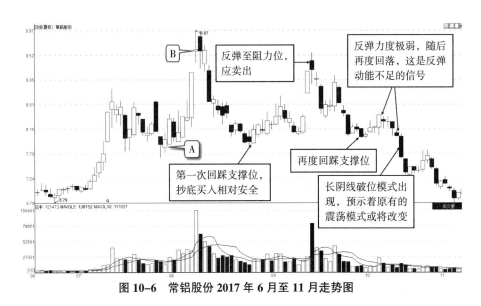

**图 10-6 常铝股份 2017 年 6 月至 11 月走势图**

束的信号，此时应清仓离场，规避短线下跌风险。

# 10.6　题材股过山车模式

　　有题材支撑的个股往往能吸引市场关注，当题材股启动时，它的短线上涨势头往往十分凌厉，其中不乏接二连三的涨停板上攻方式，对于这类热点题材股，题材来得快，常常也去得快，一旦遇到大盘回落、市场风向转变，自飙升后的高点大幅回落甚至跌回到启动位置点也并不鲜见，这就是"题材股过山车模式"。

　　这种运行模式一旦出现，往往会给我们很好的短线抄底机会。因为这类个股的启动位置点有着较强的支撑力，一些个股甚至能够出现强势反弹至前期高点的大波段行情。

　　图 10-7 为科蓝软件 2017 年 11 月至 2018 年 3 月走势图，个股因"区块链"题材获得了市场的关注、追捧，出现了连续五板上攻的凌厉飙升，但随着题材的突然遇冷及大盘回调，股价自高点急转直下，回落至题材行情的启动点。这就是一个中短线的强力支撑点，同期大盘有所企稳，个股也连续两日止跌，可以作为波段抄底入场信号。

　　一些题材经过一轮暴涨而回到启动点位后，虽然能够获得支撑，但随后的反弹力度却有弱有强，而且，这些个股由于受到同样的大市影响，可能在相同的时间点回到启动点，此时，我们在决定买入哪只个股时，就要重点观察它所具有的题材及前期走势特征。

　　以科蓝软件为例，如图 10-7 所示，个股在连续五板之后，在高位区没有停留，股价几乎是直线回落到了启动点，这或预示着有大资金也被套其中，这部分资金多会锁仓，甚至会在低位回补，对个股随后的反弹有一定助推力；而且，此股的题材涉及同一类个股，并非此股的单独题材，这种可以形成板块效应的题材在市场回暖后，往往仍会获得市场的一定关注。两点因

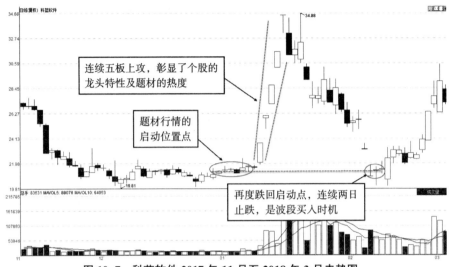

连续五板上攻，彰显了个股的
龙头特性及题材的热度

题材行情的
启动位置点

再度跌回启动点，连续两日
止跌，是波段买入时机

**图 10-7　科蓝软件 2017 年 11 月至 2018 年 3 月走势图**

素叠加，也促成了此股的强势反弹行情展开。下面我们再来看一个例子，在相同时间段展开的反弹行情中，此股就要弱很多。

图 10-8 为文一科技 2017 年 9 月至 2018 年 3 月走势图，此股因举牌题材而出现了五日四涨停的强劲飙升，受题材遇冷及大市下跌影响，同样深幅

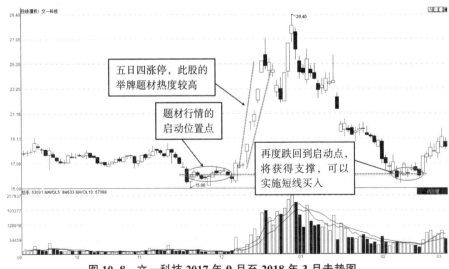

五日四涨停，此股的
举牌题材热度较高

题材行情的
启动位置点

再度跌回到启动点，
将获得支撑，可以
实施短线买入

**图 10-8　文一科技 2017 年 9 月至 2018 年 3 月走势图**

下跌并回到了启动点。随后，个股出现了一波反弹，但力度要明显弱于科蓝软件。这一方面是缘于此股的举牌题材是单一题材，并不能形成板块效应；另一方面是缘于个股的前期走势特征。

在短线高点，个股有一个先调整再冲高的动作，这是一个震荡过程，也使得高点位的筹码换手较为充分，这样，一旦个股向下跌破这一震荡区，将面临巨大的解套抛压，这也就限制了个股随后反弹行情的力度。

# 10.7　支撑阻力转换模式

短线的波动往往让我们很难把握趋势的快速变化，反复震荡上扬之后，在上升趋势看似明朗的情况下，个股可以调头向下；反之，持续震荡下跌后，对于出现的企稳区间，又难以判断它是下跌中断，还是中期底部。对于这些情形，我们可以借助于支撑线与阻力线。

支撑线与阻力线也称之为趋势线，主要用于指标趋势运行中的支撑位或阻力位。其中，支撑线称之为上升趋势线，它是震荡上涨行情中相邻两个低点的连线，其功能在于能够显示出股价短线回调时的支撑位，一旦股价在波动过程中跌破此线，就意味着行情可能出现反转，由涨转跌；阻力线称之为下降趋势线，它是下跌行情中相邻两个高点的连线，其功能在于显示出股价反弹过程中的回升阻力位，一旦股价在波动中向上突破此线，就意味着股价可能会止跌回涨。

图 10-9 为普路通 2017 年 4 月至 11 月走势图，个股自低点开始震荡上扬，将最初相邻的两个回调低点相连，就形成了一个具体支撑位意义的指示线，可以称为支撑线。虽然个股随后回调一定碰触到这条线，甚至是短线跌破这条线，但只要个股整体运行于此线上方，就代表多方力量依旧总体占优，震荡上升格局有望延续，中线投资者可以继续持股待涨。对于短线交易来说，每当股价回调至支撑线附近时，由于此线的较强支撑性，可以作为短

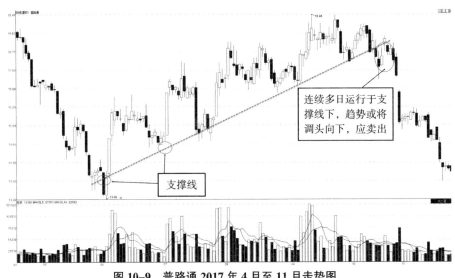

连续多日运行于支撑线下，趋势或将调头向下，应卖出

支撑线

**图 10-9 普路通 2017 年 4 月至 11 月走势图**

线入场时机。

但是，随着震荡上升格局的延续，当多空力量格局改变，支撑线就会被明显跌破，如图中标注，个股连续多日运行于支撑线下方，这代表空方力量开始占据优势，破位下跌行情或将展开，此时，中短线操作均宜卖出离场。

图 10-10 为用友网络 2016 年 9 月至 2017 年 8 月走势图，个股处于整体震荡下跌格局中，将相邻的反弹高点连接后可以得到阻力线，如图标注，在中短线累计跌幅较大的位置点，个股向上突破了阻力线，随后较长时间内运行于阻力线上方，这代表多方力量已经开始占据优势，趋势反转或将发生，因而，可以在随后的短线回落时买股布局。

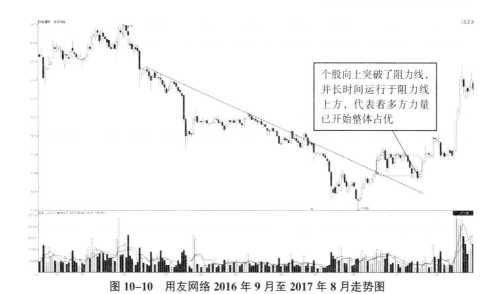

图 10-10　用友网络 2016 年 9 月至 2017 年 8 月走势图

# 10.8　短促反弹模式

在持续震荡下跌之后，个股常会在低位区先出现止跌企稳的形态，股价重心略微上移，若随后伴以放量大阳线向上突破，会给人一种底部反转的感觉，但是，这种"反转格局"往往并不可靠，多会成为短暂的反弹模式。如何更好地规避这种看似"反转"，然而实则为"反弹"的偶然波动呢？借助于"短促反弹模式"我们可以在一定程度上规避此类陷阱。

短促反弹模式出现在中长期震荡下跌格局之后，个股以一两根大阳线展开快速上行，随后是持续的小阴线、小阳线回落，缓慢回落的速度较慢，但持续时间长。这种反弹模式表明多方的发力非常短促，并不具有持续性，个股再度回到原有跌势中的概率较大。

图 10-11 为天华超净 2016 年 7 月至 2017 年 5 月走势图，个股长期处于震荡下跌格局中，并在中长期低点开始企稳，但在随后突破企稳区时，呈现

为短促反弹模式，这表明空方力量依旧较强，个股再度步入跌势的概率较大，此时，不宜过早抄底入场。

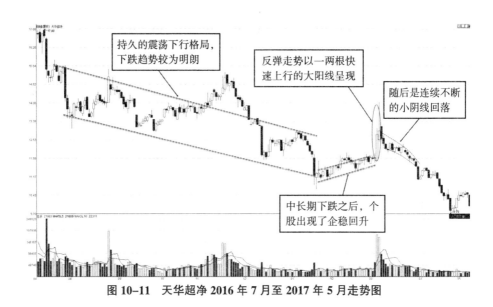

图 10-11　天华超净 2016 年 7 月至 2017 年 5 月走势图

# 10.9　阶梯上扬模式

阶梯上扬形态是指个股在上涨时，先是以连续一两个交易日的大阳线快速推升股价至新高，随后，以窄幅横盘的方式（或者回调幅度较小）实现强势盘整，从而保持这一推升胜果，随后，再度以大阳线的方式快速推升股价至一个更高的台阶，通过这种一个台阶、一个台阶的方式不断上涨，累计涨幅往往极大。

阶梯式上扬常见于以下两种情形：一是股市节节攀升，个股受大盘带动而不断上扬；二是股市呈横向震荡整理态势，个股出现了较为独立的上升走势，并呈现为阶梯式攀升形态。

一般来说，第二种情况更值得我们关注，出现这种走势的个股往往有中线主力资金积极运作，而个股的业绩也较为优秀，在资金驱动与业绩良好的配合下，出现了稳健的阶梯式上涨。

实盘操作中，从低位区开始启动的阶梯式上扬形态的实战意义较为突出，我们可以在个股构筑第二个阶梯时正确地进行识别，由于这类个股的中线上涨耐心较强，而此时的累计涨幅也较小，因而，第二个阶梯出现后的整理走势是中短线入场的好时机。

图 10-12 为佳都科技 2017 年 4 月至 10 月走势图，个股标注了自低位整理区突破后的两个阶梯，阶梯式模式的鲜明形态特点：一是体现在左侧的推动创新高型的大阳线，二是右侧的小阴小阳线持续整理（可以是横向，也可以是小幅度回调）。在第二个阶梯右侧，识别出这种模式后，可以实施中短线买股操作。

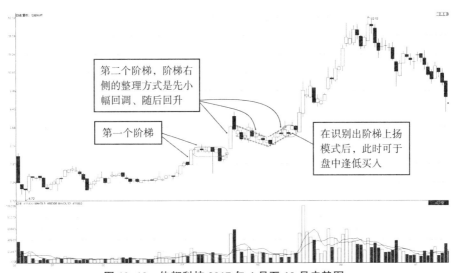

第二个阶梯，阶梯右侧的整理方式是先小幅回调、随后回升

第一个阶梯

在识别出阶梯上扬模式后，此时可于盘中逢低买入

图 10-12　佳都科技 2017 年 4 月至 10 月走势图

# 10.10　阶梯式下降模式

与阶梯式上扬模式正好相反，阶梯式下降模式是股价一个阶梯、一个阶梯地不断下跌。在阶梯下降模式中，左侧为打低股价的大阴线（或连续的中小阴线），右侧是反弹力度极弱的整理走势。

当这种 K 线模式出现在盘整之后，特别是高位盘整之后，往往预示着个股的跌势会持续较长时间，累计跌幅也将较大。相对来说，由于下跌趋势的力度往往更强，而且风险加大，我们宜在第一个阶梯处尽早识别，从而及时地止损离场，保护资金安全。

图 10-13 为深桑达 A2017 年 12 月至 2018 年 2 月走势图，个股在跌破震荡区支撑位后，反弹无力，此时为第一卖点；随后，大阴线再度打低了股价，个股在短线企稳后，呈现弱势的横向整理态势，这种形态就是阶梯式下降的雏形，也彰显了空方正占据主导地位，这是第二卖点。

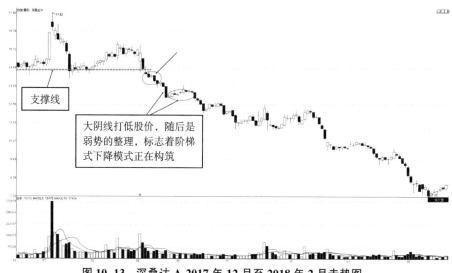

图 10-13　深桑达 A 2017 年 12 月至 2018 年 2 月走势图

# 10.11 反穿密集区模式

反穿密集区模式，也称为反穿筹码密集区模式。"筹码分布"是大多数行情软件自带的一种技术指标，它可以近似地衡量投资者持仓成本分布情况。

在日 K 线图界面，筹码分布图与 K 线图处于同一坐标系下，我们可以在界面的右侧调出个股的筹码分布图，其形态看起来如同是一个侧置的山峰，这些"山峰"是由一根根横线叠加而成，每一根横线代表了这一价位上的筹码分布数量。

随着交易的持续、成交价不断地改变、筹码的换手，筹码分布形态也会随之变化。个股的全体流通筹码在不同价位的分布情况是我们应当关注的重点。看懂了筹码分布状态，也就等于了解了投资者的持仓成本分布情况，在某个具体的时刻，如果大量筹码位于当前价位上方，这表明套牢盘众多；反之，若大量筹码位于当前价下方，则代表获利盘众多。

在所有的筹码分布状态中，"密集"这种状态最重要，所谓的密集形态就是指大量的流通筹码分布在一个相对狭小的价格区域内。这意味着市场上绝大多数投资者的持仓成本都位于此价格区。结合价格走势特征，筹码密集形态对于我们的实战有较强的指导作用。

那么，筹码密集形态是如何形成的呢？一般来说，当个股出现横向震荡走势，或是某几个交易日的换手率较大时，就会使得流通筹码在这一相对狭小的价格区域内充分换手，从而形成一个密集区。

在了解"筹码密集区"概念之后，我们再来看看何谓反穿筹码密集区模式。对于这种模式来说，个股先是因横向震荡形成了一个筹码密集区，随后向下跌破此区域，在低位企稳回升、上扬并穿越这个震荡区时，就称之为反穿筹码密集区。

反穿筹码密集区将遇到较强的阻力，一重阻力来自于低位区间的短线获利抛压；二重阻力则是这个筹码密集区的解套抛压。因而，当反穿筹码密集区模式出现后，个股多会迎来中短期的深幅调整，如果反穿前的短线涨幅较大，则这种调整往往会更明显。

图 10-14 为用友网络 2016 年 12 月 15 日筹码分布图，在这一交易日之前，个股出现了长期的震荡，这使得绝大多数流通筹码会聚在此区间，形成了一个高位筹码密集区，随后个股破位下行并出现了漫长且深幅的下跌，当股价自低位区再度向上穿越至这个密集区时（时间点为 2017 年 9 月 4 日），个股将面临着双重抛压，可以预见，上涨至这个价位后，中短线的强势上攻行情或将结束，操作中，这是一个中短线的卖出点位。图 10-15 标示了此股随后的运行情况。

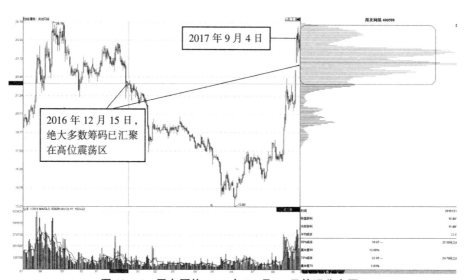

**图 10-14 用友网络 2016 年 12 月 15 日筹码分布图**

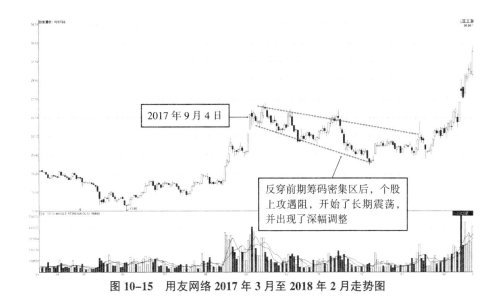

图 10-15　用友网络 2017 年 3 月至 2018 年 2 月走势图

# 10.12　逆市震荡模式

逆市，顾名思义，与大盘走势相逆，是在一个相对较长的时间段内，主要有两种表现方式：一是逆市抗跌型；二是逆市下跌型。

逆市抗跌是指大盘同期的走势为震荡下跌格局，个股则呈横向的震荡，走势明显强于同期大盘。一般来说，逆市震荡幅度往往与大盘的下跌速度及幅度呈正比，大盘下跌速度较快、幅度较大时，由于多空分歧明显，个股的逆市震荡幅度也会加剧。

逆市下跌是指大盘同期的走势为横向震荡整理或缓慢攀升，个股则呈震荡下跌状态，走势明显弱于同期大盘。

实战中，相对低位区的逆市抗跌模式多表明有资金注入个股，这类个股在随后大盘企稳后，往往能够突破上扬，因而，震荡回落的低点可以作为买入时机；而相对高位的逆市下跌模式多表明场内卖压较重、买盘入场力度弱，一旦大盘出现回调，这类个股破位下行的概率较大，持股者宜逢反弹之机卖股离场，以规避风险。

除此之外，高位区的逆市抗跌品种若没有较高的业绩增速支撑股价，也不宜介入，因为这类个股抗跌走势往往只是暂时性，并不意味着有资金积极入场，而相对低位区的逆市下跌品种多表明当前的位置区仍未见底，个股仍有下跌空间。

图 10-16 为森源电气 2016 年 3 月至 11 月走势图，图中叠加了同期的上证指数走势，个股刚刚展开升势、向上突破，就遇到了大盘的持续震荡回落，但个股强势震荡，未随大盘同步下行，这种逆市抗跌形态表明有资金在积极地参与此股，个股随后的中期运行看好。

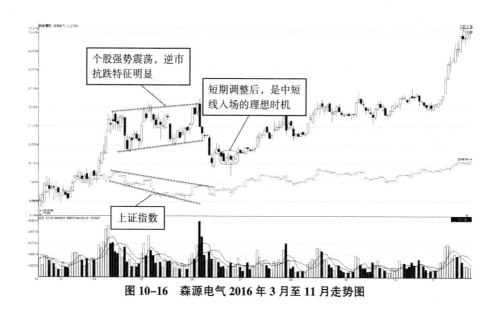

**图 10-16　森源电气 2016 年 3 月至 11 月走势图**

但是，这种逆市运行格局也在短期内大量消耗了多方力量，实战中，我们不宜追涨，而应耐心等待其充分调整后再介入。如图标注，当个股经一波深幅回落，跌至突破起点附近时，此时就是中短线入场的好时机。

图 10-17 为渝开发 2017 年 5 月至 2018 年 3 月走势图，在图中标注的区域内，可以看到上证指数在稳健攀升，而个股则自突破后的高点震荡下行，

这是典型的逆市下跌形态，虽然从中长线来看，个股仍处于相对低位区，但这种弱势的震荡格局表明多方力量并因短期突破而整体占优，空方力量依旧强大，个股随后再度步入跌势的概率较大，中短线操作中，应回避这类个股。

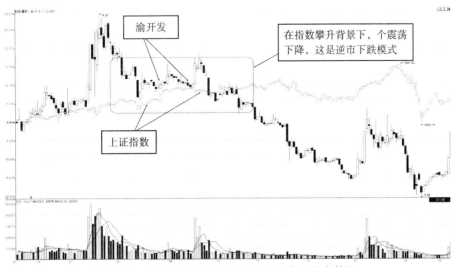

图 10-17 渝开发 2017 年 5 月至 2018 年 3 月走势图

# 第 11 章　整体式量价形态

量价形态可以统分为整体式与局部式两大类型，整体式形态用于指示中期方向、不局限于股价的短期波动，主要用于反映趋势运行，实战中，整体式量价形态是短线交易中的辅助要素，可以帮助看清趋势并据此控制仓位；局部式量价形态用于指标个股短期走向，是量价实战中的核心所在。本章中，我们先来了解几种实用的整体式量价形态。

## 11.1　何为整体式量价形态

所谓的整体式量价形态，它不局限于波段走势中的量价缩放情况，而是在较长的时间跨度内（至少为数月）来分析、比对成交量的放大或缩小情况。整体式量价形态主要用于反映市场多空力量的整体性变化，是呈现并预示趋势的一种量价形态，在预测价格中期走向时需要用到。

与整体式量价形态相对应的就是局部量价形态，其主要用于中短线操作，反映市场短期内的多空力量快速变化，在很多时候，它们也是趋势反转的信号，相对来说，局部量价形态更为重要，实战性也更强，本章随后的各节中，除了特别说明之外，其余的均为局部量价形态。

整体式量价形态对于价格走势的预警虽然相对迟滞，但它对我们的仓位控制、持股时间控制等操作有着很好的指导作用，例如，若其预示个股步入顶部区，则此时的交易只宜轻仓、短线参与且调低预期获利空间；反之，若其预示的个股刚刚步入升势，则此时的交易则可适当重仓、耐心持有且提高预期获利空间。

整体式量价形态主要包括：量价齐升、量价背离、逆市地量整理等几种，下面我们将结合实例逐一讲解。

## 11.2　量价齐升与升势

对于呈现趋势运行的量价形态来说，"量价齐升"是最经典的一种。它是指在一个相对较长的时间跨度内（例如：几个月的时间内），随着价格走势的不断攀升，成交量也呈现出了同步性的不断放大态势。

量价齐升的出现，是买盘入场力度不断加大、多方力量占据主导地位的标志，也是升势运行较为稳固、可靠的标志。一般来说，只要这种量价形态不出现明显转变，盘面上也没有明显的见顶信号出现，则我们应以升势思路交易，耐心地持股待涨，不应过早地卖股离场。

图 11-1 为西水股份 2017 年 3 月至 8 月走势图，图中标注了两个放量上扬波段，后一波段为突破上扬且创出新高，这一波段的量能也明显在于前一波段，且随着股价的持续上扬可以看到成交量的不断放大，股价的上涨与量能的放大程度成正比关系，这就是量价齐升形态，它涉及至少两个上涨波段的量能比对，因而称之为整体式量价形态。

量价齐升的形态是我们持股待涨的依据，但随着涨幅的加大，高位反转风险也在增加，在本案例中，如图标注，高位区出现了震荡滞涨，在这四个交易日中有三日收于阴线且放出巨量，这表明上攻遇阻、高点抛压增强，是一个反转信号，应锁定利润、卖股离场。

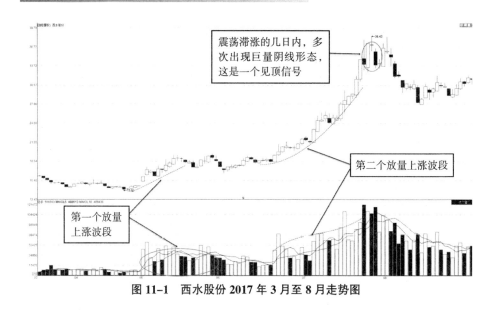

震荡滞涨的几日内，多次出现巨量阴线形态，这是一个见顶信号

第二个放量上涨波段

第一个放量上涨波段

**图 11-1　西水股份 2017 年 3 月至 8 月走势图**

# 11.3　量价背离入顶部

量价背离形态是指虽然价格走势在一波上涨中创出了新高，但是这一波上涨时的量能却要明显地小于前期主升浪时量能。

量价齐升形态是上涨动能充足的标志，而量价背离则正好相反，它是买盘入场力度减弱、上涨动能不足的标志，如果个股前期的涨幅较大，这种量价形态往往就是趋势将见顶反转的信号，操作中，由于上涨走势仍在持续，可以采取分批减仓、获利离场的策略。

除此之外，对于业绩增速较快、持续性强的成长股来说，量价背离并不宜看作是见顶信号，它只表明市场的参与度较低，中长线的价格运动方向仍以业绩为核心，此时对于顶部的判断更应结合个股的成长性、估值状态来综合把握。

图 11-2 为兴发集团 2017 年 6 月至 10 月走势图，个股的第二个上涨波

段虽然涨势平缓、并创出新高，但是成交量却明显小于第一波上涨，这就是量价背离形态，由于此时的个股累计涨幅较大、远高于同期市场表现，而且，个股隶属于周期性行业、业绩波动幅度较大，此时的估值状态不低，操作上，应以技术分析为核心，依据量价背离形态所提示的信息实施卖股操作。

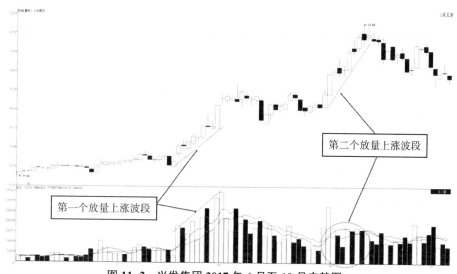

图 11-2　兴发集团 2017 年 6 月至 10 月走势图

# 11.4　高点位的逆市地量

地量形态是指期间的成交量远小于此前上涨波段的量能且持续时间相对较长。当个股在涨幅相对较大的位置点呈现为整理滞涨、弱于同期大盘且成交较为低迷时，这就是高点位的逆市地量形态。

逆市地量形态中，有两个要点，一是逆市不涨，当个股于高点位逆市不涨时，多表明主力资金已无意拉升、个股当前构筑顶部区的概率在加大；二是地量，低位区的地量是成交低迷、市场人气淡的标志，而高位区的地量则是买盘入场力度极弱、市场关注度低的信号，此时的个股有着更强的破位下行动力。综合来看，当个股在相对高位区出现逆市地量形态后，中长线交易上，宜卖股离场。

在与前期量价关系对比后，地量滞涨的形态特征较为鲜明，下面我们结合一个案例加以说明。

图 11-3 为奥特佳 2016 年 2 月至 2017 年 5 月走势图，图 11-3 中叠加了同期的上证指数，在个股累计上涨后的高位区，此时的指数在震荡攀升，而同期的个股却震荡下滑，而且，随着震荡走势的持续，成交量也不断缩减，远远小于此前的均量水平，呈现为地量的形态特征，这就是"高点位的逆市地量"形态，由于个股的业绩对股价无法形态支撑，从技术面来预测价格走向是一个好方法，而这种量价形态就是见顶的信号之一，操作上，宜卖股离场、规避趋势转向下行的风险。

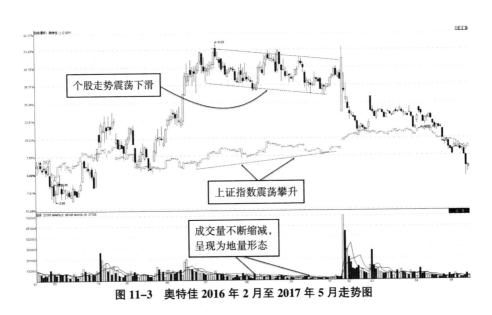

**图 11-3 奥特佳 2016 年 2 月至 2017 年 5 月走势图**

# 11.5 缩量下行与跌势

"放量上涨，缩量下行"是正常的量价配合关系，当个股步入下跌通道之后，缩量下行是最主要的量价配合关系，也是我们把握下跌趋势的关键。一般来说，只要个股走势没有明显企稳，缩量下跌的量价关系没有被明显破坏，则操作上就不宜过早抄底入场，无论是中长线的买入布局，还是短线的博取反弹。

图 11-4 为石大胜华 2016 年 8 月至 2017 年 6 月走势图，通过图中标注可以看出，在个股已出现了一定跌幅的情况下，当个股再度向下破位、缩量下跌时，这是新一轮下跌走势开始的信号，也是下跌趋势持续行进的信号，一轮趋势的形成之后有着较强的发展力，在量价形态未明显改变时，不可过早抄底入场。

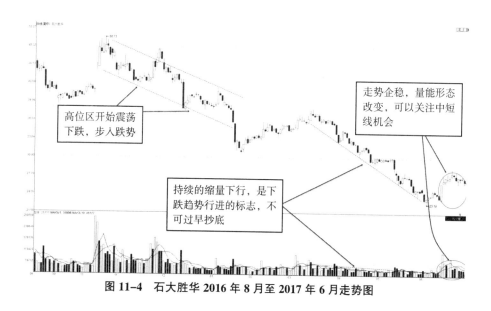

**图 11-4 石大胜华 2016 年 8 月至 2017 年 6 月走势图**

# 11.6  量价分析的统筹性

量价分析的核心是"量"与"价"的配合，但是，在量价配合不是很典型，形态特征不够鲜明时，我们可以统筹分析。所谓的统筹分析，就是综合多种要素，例如，在分析趋势运行的时候，可以将价格走势的视角扩大，从K线形态感受多空力量的变化；在股价面临方向选择时，还要关注局部量价形态的配合；又如，对于个股短线大涨，除了关注局部量价配合之外，还要考虑消息面、同类股走势等其他要素。虽然统筹分析中的兼顾点有很多，但是，在消息面风平浪静的时候，K线无疑是一个很重要的因素，本节中，我们从K线运行的角度来看看它是如何帮助我们预测股价走向的。

对于个股未来的走向，在很多时候，并没有形式固定的量价配合，量能的变化特征也不是那么明显，那么，如何更好地预测价格走向呢？从K线的波动形态着手是一个很好的方法。如果说成交量的变化展现的是多空双方交锋的力度，那么K线就是多空交锋结果的体现。一般来说，多方力量更强时，股价重心会呈上移状；反之，则呈下降状。在一些较为典型的位置区，例如，处于前期大跌之后的阶段性低位整理平台，前期上涨后的中继整理平台等，如果个股的量能变化不是特别明显，此时的价格走势特征就是决定我们后期多空操作的重要依据。下面我们结合一个案例来看看如何将走势形态更好地应用于量价分析之中，进而做出正确的买卖决策。

图11-5为汇通能源2016年5月至2017年3月走势图，此股自2016年5月开始步入稳健的上升通道，上升形态良好，但在几波上涨之后开始出现了震荡滞涨，期间既有反弹上涨时的相对放量，也有震荡回落时的缩量。震荡格局中的量能变化特征并不明显，难以据此判断趋势运行格局。此时，量价分析中的侧重应集中在价格走势上。

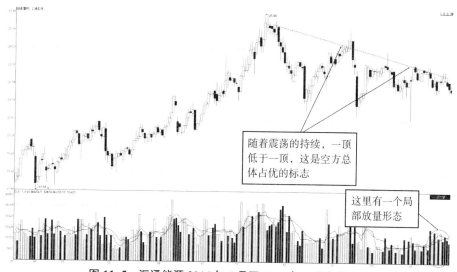

随着震荡的持续，一顶低于一顶，这是空方总体占优的标志

这里有一个局部放量形态

**图 11-5　汇通能源 2016 年 5 月至 2017 年 3 月走势图**

结合同期的大盘指数来看，此股的震荡格局明显弱于大盘，而且，震荡走势呈现为"一顶低于一顶"的运行格局，仅从走势来看，整个震荡过程是处于空方力量占主导优势的格局之下，随着震荡的持续、空方力量的进一步会聚，个股在随后选择方向时，向下破位的概率较大，因而，在操作上，应及时逢反弹之机卖股离场。

对于此股的震荡形态，还有一个局部量价特征值得关注，我们在图中进行了标注，这是一个"放量滞涨"的局部形态，虽然它只是一个预示短期波动方向的形态，但当其出现在这个具有大方向选择性的位置点时，它就很有可能成为一个触发信号，从此股 2017 年 3 月之后出现的破位走势来看，这个局部量价形态正是一个明确的中短线离场信号。

通过这一案例，我们可以发现，K 线运行形态、局部量价形态，都是分析股价大方向的重要线索，特别是当两者的指示方向一致时，个股随后出现相应大方向选择的概率是极大的。对于局部量价形态来说，涉及的具体组合多种多样，也是我们量价分析方法的重中之重，本篇随后的几章中，我们将一些重要的局部量价形态进行抽象、总结，在结合具体案例的基础上，使之更有针对性，更具实用性，以期为读者更好地掌握量价技术提供坚实的基础。

# 第 12 章　脉冲式放量

　　脉冲式放量，也称之为单（双）日凸量，它是一种非常典型的局部型量价形态，出现频率较高，可以有效地帮助我们预测股价的短期走向。局部式量能形态虽然主要用于分析短线走向，但是过于鲜明的局部量能形态往往也是多空力量整体对比格局出现改变的信号，也可以用于指导趋势分析，这一点也是值得中线交易者注意的。

　　这种量价形态是指成交量于单日（或连续两日）突然大幅度放出，这一两日的量能会达到此前均量的 3~5 倍甚至更多（一般来说，至少要达到之前均量的 3 倍以上），随后，成交量又突然大幅度缩减，量能远小于这一（两）日甚至是直接回落至放量前的均量水平。依据当日的股价涨跌情况，可以分为凸量上涨、凸量下跌，实盘中，凸量上涨的实战性更强，短线走势也更难判断。

　　凸量的出现或与市场消息刺激有关，或与场内外资金的集中交投行为相关，我们可以结合消息面及技术面综合分析。一般来说，凸量下跌代表着场外资金的集中出逃，是短期风险信号；而凸量上涨虽然有着视觉鲜明的放量上涨形态，但在大多数时候同样是风险的信号，本章中，我们将把凸量放在个股的不同运行阶段上，看看如何正确地解读并运用凸量展开实战操作。

# 12.1 高开低走脉冲阴线

高开低走脉冲阴线，是一种较为常见的凸量下跌形态，它也可称为巨量阴线，常出现在短线大涨后的高点，也偶见于平台整理后的破位走势初期。

从形态上来看，个股当日高开幅度较大，开盘后，股价或是直线跳水，或是震荡后不断走低，至收盘时，价格接近当日最低点、收出一根大阴线，当日的成交量远高于之前的均量水平，次日，多由于盘中震荡幅度变小，从而出现了量能大幅缩减。

从量价配合来看，我们可以这样理解它：借助于之前上涨所累积的市场人气，个股当日顺势高开，但开盘后就因为大卖单的不断出现从而导致股价节节下行，当日突然大幅放出的成交量代表着市场分歧大、卖盘多，而大阴线则代表卖盘在抛售且占据主导地位，结合个股的上涨来看，这种局部量价形态一般可视作大资金集中卖出的信号，个股短线走势难容乐观，深幅调整行情或将出现，是一个相对明确的短线卖股信号。

图 12-1 为华茂股份 2017 年 2 月 22 日分时图，缓慢攀升之后出现了涨停加速上扬的突破格局，个股当日顺势高开，但随即出现强转弱的震荡下跌，当日放出巨量，由于这种放量效果很难保持，当日午盘后基本就可以确定凸量下跌的形态正式出现，而这是一个短线下跌的提示信号，操作中，可以结合仓位情况实施减仓或清仓，以规避短线风险。

从本例中也可以看到，股市最大特点就是不确定性，一个看似突破上攻的格局刚刚出现，但随时就可能因为多空实力的变化而突然转向，这既体现了股市的波动特点，也提示我们应紧跟个股，及时调整思路，而"量价"就是我们调整思路的重要依据。

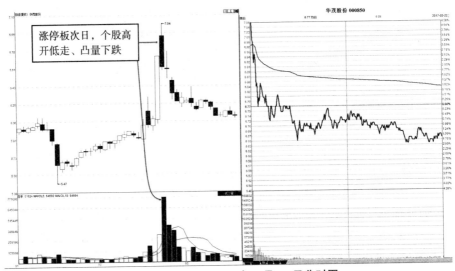

图 12-1　华茂股份 2017 年 2 月 22 日分时图

# 12.2　突破平台的单日天量

　　横向的整理型走法是方向待选择的一个中继平台阶段，随着整理的持续，个股选择方向的时间越来越近，若个股此时出现放量大阳线突破或是跳空突破，往往会激发投资者的追涨热情，而且，从趋势的角度来看，这似乎也是方向将向上的一个明确信号，但是，股票市场从来就不是简单的，若不查看量能变化，仅仅依据价格运行就得出结论，无疑是片面的、武断的，也将自己置于风险之地。

　　有一种较为常见的突破形态，也就是平台整理后的脉冲式放量突破，它常有两种表现形态，一是不带缺口的平开高走、放出巨量；二是带有向上缺口的震荡收涨。从概率的角度来看，若当日放量过大，使得量能放大效果难以为继，或是虽然放量幅度尚可但次日大幅缩量，这两种方式都会造成当日的脉冲式量能效果，而这种量价形态多会引发短暂突破后的急转直下，在真正破位行情来临前的一次"假突破"。

从市场多空层面来解读，也很好理解这种量价形态。平台后的单日放量上涨，突现突破，这表明个股的上涨是因买盘大量入场推动所致，个股若要继续上扬，一定需要买盘力度不减弱才行，而脉冲放量形态显然无法满足，它表明买盘入场力度突然下降，在这样的突破位置点，没有足够的买入支撑获利盘离场，突破向上也只能是短暂的，而且，突破走势激发了市场分歧，若买盘入场力度继续减弱，就会改变多空格局，从而股价走势的破位向下。

从实战操作的角度来看，若突破当日的放量效果过大，呈近一两年来的单日峰值量，且个股没有明显的热点题材及利好消息支撑，则可以预计，这种放量效果在次日难以为继，当日收盘前就可以减仓或清仓；若放量效果虽然明显，但未呈现天量，则可以继续持股跟踪，看个股次日是继续放量上攻（可持股），还是突然缩量，使得上一日的放量演变为脉冲放量（宜卖出）。

图 12-2 为铜峰电子 2017 年 3 月 22 日分时图，个股在中短期低位区持续地横向整理，构筑了一个平台，2017 年 3 月 22 日，一个大幅度的向上突破缺口出现，虽然午盘后有所回落，但当日仍收涨 2% 以上，从 K 线来看，这是一个相对成功的突破形态。

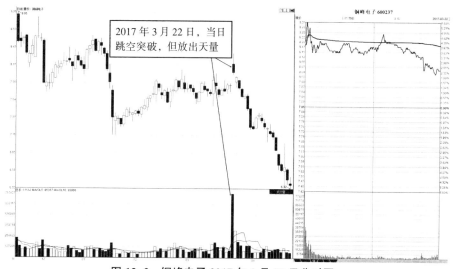

图 12-2　铜峰电子 2017 年 3 月 22 日分时图

但是，当日放量幅度过大，达到之前均量的 5 倍以上，这属于天量形态，且个股并没有热点题材及重大利好支撑，可以说，这种放量效果很难持续，或将演变为脉冲式放量。盘面来看，由于午盘后出现回落，这表明大幅度跳空导致了卖盘剧增且力量占优，次日低开的概率较大，无论是短线角度，还是中线的趋势角度，当日收盘前都宜据此实施清仓（或减仓）。

## 12.3  上涨波段的脉冲放量

在市场企稳或个股相对强势的背景下，若在上涨波段中出现了效果鲜明的脉冲式放量上涨形态，多表明波段上涨或将结束，短期内调整压力较大，特别是在脉冲放量幅度较大、中短线上涨幅度较大的情况下，其所预示的回调也更为准确，操作上，应本着风险规避的原则，控制好仓位。

图 12-3 为江西铜业 2017 年 5 月至 8 月走势图，此股的攀升走势十分稳健，量能放大效果温和，在没有明确转向信号时，此时宜跟随趋势耐心持

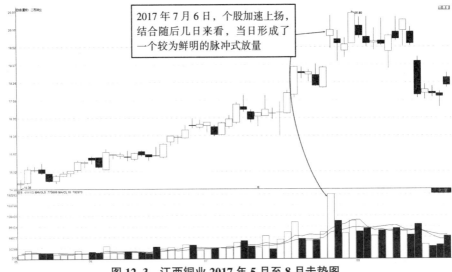

2017 年 7 月 6 日，个股加速上扬，结合随后几日来看，当日形成了一个较为鲜明的脉冲式放量

图 12-3　江西铜业 2017 年 5 月至 8 月走势图

股，但是，2017 年 7 月 6 日跳空上扬虽然加快了涨速，但也随之出现了一个脉冲式量能，结合个股中短期涨幅较大来看，加速上扬引发了更多的卖盘集中离场，这或将对上涨走势形成阻碍，出现技术性回调的概率较大，是一个相对明确的短线离场信号。

# 12.4　双阳上涨式脉冲放量

双阳放量，虽然不是单日脉冲式放量，但它的形态特征与市场含义都是与之相近的。双阳放量是指个股在量能相对平稳的情况下，连续两日大幅放量（两日的放量幅度接近）且均收于阳线，在双阳放量形态之后，个股成交量随即大幅度缩减，从而使得这两日的放量呈现出了鲜明的"脉冲式"效果。

连续两日的巨幅放量且放量效果相近，虽然我们难以判定这是主力资金买卖的结果，还是市场游资参与的结果，但是，在双阳放量之后出现的突然性缩量却在提示我们：买盘的入场力度并不具有持续性，因而，个股的短线上涨也难以为继。

从大量的个股走势来看，双阳放量的幅度越大，则个股短线出现深幅调整（甚至行情反转向下）的概率越大，虽然从日 K 线图来看，双阳放量使得个股短期内的放量上涨形态十分鲜明，甚至处于平台整理后的突破点，但我们只要理解了脉冲式放量的市场含义，就可以做出相对准确的预测。下面我们结合案例来看看如何运用双阳放量展开交易。

图 12-4 为石化机械 2016 年 11 月至 2017 年 2 月走势图，个股在短期低点平台企稳，随后出现了连续两日的放量大阳线，但这两日的放量幅度过大且较为突兀，放量效果难以持续，特别是第二个交易日的大阳线为低开高走型，这对于短期内的多方力量消耗极大，量能形态有望演变为双阳放量，第二日收盘前应减仓；至第三个交易日出现低开走弱且大幅缩量后，双阳放量形态特征完全显现，此时应清仓离场。

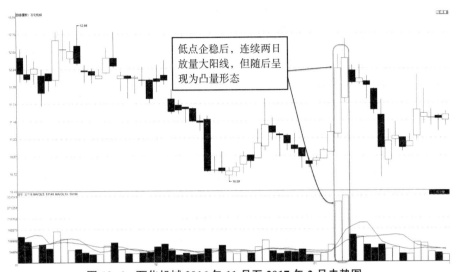

低点企稳后，连续两日
放量大阳线，但随后呈
现为凸量形态

**图 12-4　石化机械 2016 年 11 月至 2017 年 2 月走势图**

当双阳放量出现在一波强势上扬甚至是突破上攻走势中时，它往往是阶段见顶的信号，此时，双阳放量出现后，由于短期强势突破引发的市场热情犹存，个股可能不会马上回落，但再度上扬的动力已大为减弱，操作上，宜本着风险规避的角度实施短线卖出。

图 12-5 为紫江企业 2017 年 5 月至 8 月走势图，个股此前处于缓慢攀升格局中，一波调整后，开始了快速的突破上行，但在强势上扬中却出现了形态特征鲜明的双阳放量，如图中标注所示，这就是量价形态向我们发出的调整信号，据此信号，随后应及时地逢个股盘中震荡之际卖出离场，以规避短线回落风险。

对于低位蓄势整理之后的连续大阳线上扬，往往被视作可靠的突破信号，因为它有两个优势在保障着突破的可靠性：一个是股价的低位优势；另一个是长期盘整蓄势的 K 线形态优势。但是，股价走势的预测并非如此简单，若不能全面兼顾，很有可能误入假突破的陷阱。其中的双阳放量，就是我们识别这种假突破的重要形态之一。

图 12-6 为昊志机电 2016 年 11 月至 2017 年 11 月走势图，个股从 40 元上方开始不断震荡下跌，至 18 元附近开始了长期的横向整理，这是一个典

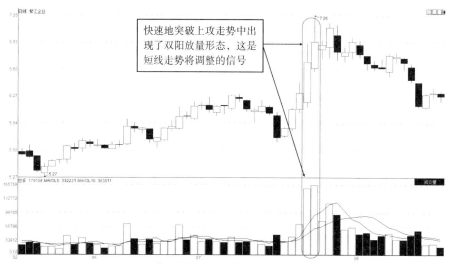

快速地突破上攻走势中出现了双阳放量形态，这是短线走势将调整的信号

图 12-5　紫江企业 2017 年 5 月至 8 月走势图

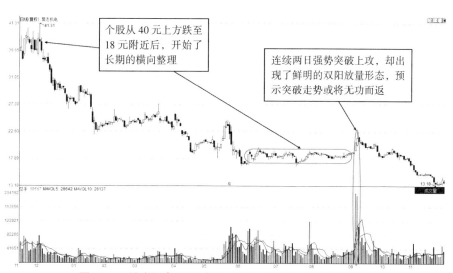

个股从 40 元上方跌至 18 元附近后，开始了长期的横向整理

连续两日强势突破上攻，却出现了鲜明的双阳放量形态，预示突破走势或将无功而返

图 12-6　昊志机电 2016 年 11 月至 2017 年 11 月走势图

型的低位平台区，且构筑时间长、蓄势充分。如图标注，随后，连续两日大阳线向上突破了这个平台区，看似完美的突破行情却被这两日的双阳放量形态打破，而且，这两日的放量十分明显，双阳放量形态特征越鲜明，则它预示的短线回调信号越准确，操作中，此时不宜追涨，而应逢高减仓或

清仓观望。

在实战操作中，双阳放量作为一种较为常见的量价组合，往往被视作上涨信号，是具有"放量上涨"含义的，但是，本节中，我们从"短线企稳区""加速上攻波段""低位平台充分蓄势后"这三个不同运行环节，结合案例进一步了解双阳放量之后，却发现它其实更多的是蕴含了短线回落的信息，而且，双阳放量的形态越鲜明，则随后的回落幅度往往越大，持续时间越长。其实，之所以如此，是因为这种量价形态虽然与单日脉冲放量表现方式不同，但其市场含义是极为相近的，都是买盘突然大量消耗、后续买盘断档的标志，这也提示了我们，只有更好地理解量价形态真实的市场含义，才能做出正确的判断，也才能运用其展开成功的操作。

# 12.5　涨停次日的脉冲天量

涨停板之后，由于快速上涨引发了强烈的多空分歧，就会使得个股成交量单日陡增，如果量能放大幅度过大，从而使得放量效果难以持续，就会形成单日脉冲形态。一般来说，涨停次日的放量效果越鲜明，则个股短线回落信号越可靠。这种量价形态虽然不是突破行情就此中止的信号，但对于短线回落的预示还是较为准确的，短线操作中，不妨据此信号灵活控制仓位、提高收益。下面我们结合一个案例来看看如何利用涨停次日的脉冲量能把握短线高点的第一卖出时机。

图 12-7 为和仁科技 2017 年 7 月至 10 月走势图，在长期的缓慢上扬之后，个股于 2017 年 9 月 21 日以一个强势的涨停板开始加速上攻，当日成交量相对放大，次日，个股继续上扬，但量能却达到了近年来的峰值，这是一个单日天量形态，且当日收于上影线，这是多方力量过度释放、盘中抛压较重的信号，也预示着随后买盘的不足及脉冲放量形态的出现，操作中，应短线卖出。从此股随后的走势来看，虽然后来又二度上冲并创出新高，但在

2017 年 9 月 22 日脉冲天量之后却出现了深幅回落，如果借此量价形态及时调整仓位，可以更好地控制风险，掌握主动权。

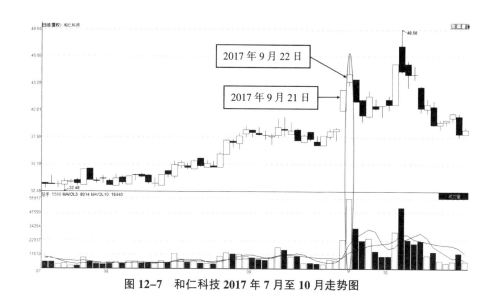

图 12-7　和仁科技 2017 年 7 月至 10 月走势图

## 12.6　间隔式放量上扬

间隔式放量是一种较为特殊的脉冲放量形态，其形成过程是：个股首先出现了一个单日大幅放量上涨，随后一两日突然缩量，这保证了之前放量时的脉冲特征；随后，个股再度出现了一个明显的单日大幅放量，这一日的放量并不需要明显的脉冲效果，即随后不需要出现突然性的大缩量。两日单日放量效果显著的大阳线中间夹着明显的缩量，这就是间隔式放量上扬。由于形态类似汉字"门"，我们也可称之为门式放量。

这种量价方式的上扬虽然使得走势上呈突破状，但往往很难对个股的持续上涨形成支撑，中短线操作中，第二个大幅放量日之后，一旦个股有短线回落迹象，我们应注意减仓或清仓以控制短线风险。

图 12-8 为中国重工 2016 年 9 月至 12 月走势图，个股在突破缓慢攀升区域时，出现了间隔式放量上扬形态，这种突破的可靠性较低，操作中不宜追涨入场。对于此股来说，间隔式放量次日出现了一个盘中冲高、当日下跌的中阴线，这表明短线上攻动力大大减弱，而间隔式放量又可以看作是短线调整信号，操作中，此时宜短线卖出。

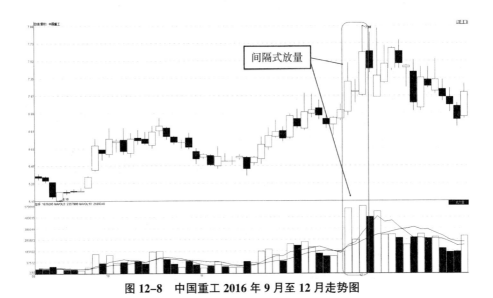

**图 12-8 中国重工 2016 年 9 月至 12 月走势图**

没有千篇一律的个股走势，对于间隔式放量来说，它虽然是短线调整信号，但是若放量日的放量幅度不是很大，且个股突破形态良好，则不必急于在放量当日卖出，可以继续观察一两日，看股价重心是否能继续上移。只有在放量幅度过大（接近一年来的量能峰值），或者是短线涨幅过大时，此时才宜在间隔式放量上扬当日收盘前卖出。下面我们结合一个案例来看看如何结合具体的个股走势特征及间隔式放量特有的市场含义展开操作。

图 12-9 为通程控股 2016 年 5 月至 8 月走势图，图中标注了两个间隔式放量组合，在间隔放量组合 1 中，2016 年 7 月 8 日是一个关键时间点，当日的量能虽然相对放大、呈脉冲形态，但对比近一年来出现量能峰值来看，放

量效果较为温和，且个股突破低位整理的上攻行情刚刚展开，短线出现深幅调整的概率较小，可以继续持股待涨，但对于未入场的投资者来说，就不宜追涨买入，毕竟间隔式放量组合有一定的短线回落含义；随后几日，个股小阳线、小阴线缓缓上扬，表明多方力量依旧总体占优，当第二个间隔式放量组合出现后，2016 年 7 月 14 日的放量呈现明显的脉冲效果，当日放量幅度接近一年来的量能峰值，这是一个十分明显的放量，且此时的短线涨幅也已经较大，操作上，本着规避短线调整的风险，当日收盘前可以适当减仓，可以看到，个股随后在当日收盘价附近上下震荡，也失去了上攻的动力，这个形态鲜明的"间隔式放量组合 2"较为准确地预示了中短期顶部的出现。

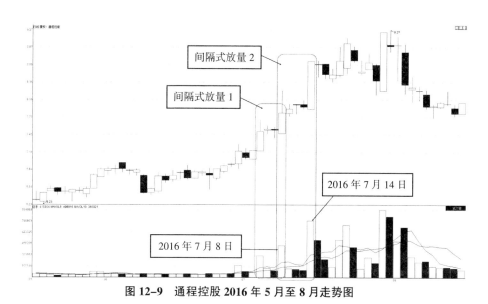

图 12-9　通程控股 2016 年 5 月至 8 月走势图

## 12.7　震荡区反复脉冲放量

对于横向震荡走势，如果我们不能预判震荡后的突破方向，就很难展开操作，也不利于中短线的仓位管控。但是，如果个股在震荡区反复出现脉冲式放量阳线形态，就可以作为判断的依据。这种形态有着一定的短线下跌倾向，震荡区内反复出现时，多表明市场逢反弹时的抛压较重，在反复上冲无果后，破位下行的概率则在加大。因而，当个股在震荡区内反复出现脉冲放量阳线形态后，对于个股后期的方向选择，宜看空，而不是看多。

图 12-10 为迎驾贡酒 2017 年 7 月至 11 月走势图，个股在短线下跌后的位置区横向震荡，期间出现了三次较为明显的脉冲放量上扬形态，每次之后都出现短线调整，这表明此位置区的市场抛压较重，个股难以突破上行，后期破位的概率较大，操作中，当个股回落至震荡区低点时，并不适合波段买入。

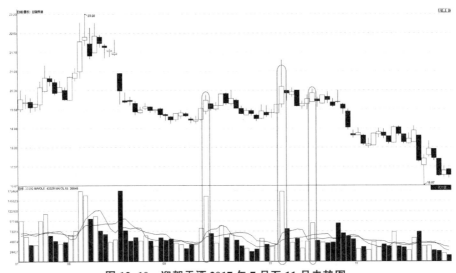

**图 12-10　迎驾贡酒 2017 年 7 月至 11 月走势图**

# 12.8　辨识突破型的放量

真正的突破上涨，往往也会有着明显的放量效果，突破当日的量能最大，次日开始逐渐减少，这与脉冲量能形态较为相近，但它却并不预示着短线的回落，如何将这种标志着真正突破行情的放量与预示着短线回落的脉冲放量进行区分呢？错误的分析将得出错误的结论，短线交易上可以通过捕捉其他个股机会得以弥补；但对于中长线交易者来说，在经历了长期的布局、持股之后，时间成本较高，做出正确判断就显得尤为重要了。

一般来说，我们可以从三个方面加以分析、判断：

（1）将个股的放量程度与近年来的量能峰值进行比较。很多时候，特别是在低位区成交低迷的背景下，个股上涨时一旦稍有所放量，如果仅仅比对近期的均量水平，往往就会有较为明显的脉冲效果，但是，那些真正预示着短线深幅调整的脉冲式放量，其放量效果一般都能达到近一年左右的峰值量能水平。我们可以将个股当日的放量程度与近年来的量能峰值进行比较，如果明显过小，则不宜将其理解为预示调整出现的信号。

（2）结合单日放量之后的量能变化来分析。如果在单日放量之后的随后几日虽有成交量相对缩小，但均量水平仍大大高于单日放量前的均量水平，则这种单日放量有脉冲效果就大大减弱，它所预示的短线下跌信号也将明显减弱。

（3）结合单日放量之前、之后的股价走势来综合分析。在单日放量之后，股价处于低位、短期涨幅较小的股价运行形态所预示的短线回调概率越低；在单日放量之后，如果个股随后几日能够保持相对强势，不明显回落，则单日放量就不宜再理解为是预示着短线调整的脉冲放量，因为脉冲放量主要用于指示在其出现之后的随后几日或将出现短线回落，一旦单日放量之后几日相对强势，则宜结合股价运行总体形态，特别是突破点所处位置区间，来分析其随后的价格走向。

图 12-11 为中金岭南 2016 年 11 月至 2017 年 7 月走势图，个股经历了持续的震荡下跌，在低位开始企稳，如图标注，随后一个跳空的大阳线突破了低位平台，比照前期均量来看，放量幅度较大，呈现出脉冲放量效果，但是，如果对比近一年来的峰值量能，当日放量幅度并不大，结合股价走势特点及随后几日的横向整理来看，当日这个具有脉冲形态特征的放量并不是预示短线调整的信号，操作中，仍可依据个股的低位突破形态特征、中线看涨。

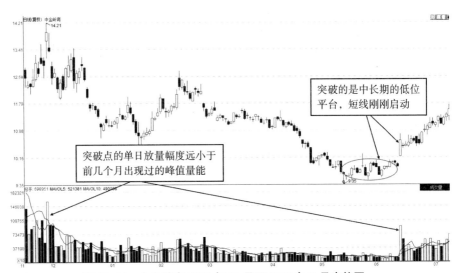

突破的是中长期的低位平台，短线刚刚启动

突破点的单日放量幅度远小于前几个月出现过的峰值量能

图 12-11　中金岭南 2016 年 11 月至 2017 年 7 月走势图

# 第 13 章　持续性放量

　　持续性放量是一种局部量能形态，它是指成交量较近期均量水平出现了明显放大，且这种放量效果可以保持连续多个交易日（一般来说，至少为三个交易日），不会突然出现大幅度缩减。

　　持续性放量代表着多空双方交锋一直保持在一个较活跃的水平上，一般会引发价格走势的加速，或者加速向上，或者加速向下，操作中，我们既要关注价格运行，也要结合持续放量的具体表现形态，是异常放大式的持续性放量，还是相对温和式的持续性放量，不同的量价配合往往蕴含了截然不同的市场含义，本章中，我们就结合案例来看看几种典型的持续放量形态。

## 13.1　温和持续放量上扬

　　温和持续放量上扬出现在整体式震荡上升的行情中，股价重心是稳步上移的，此时，在一波上涨走势开启后，成交量出现了明显的放大，虽明显高于回调及整理时的均量水平，但相对于之前上涨波段的量能而言，放量效果非常温和，且这种放量效果可以连续多日一直保持。

　　温和式的持续放量上扬表明买盘入场积极、持续力度强，也是个股上涨动力较强、升势有望延续的标志。在操作中，我们可以结合股价波动特点把握买入时机，如果温和式的连续放量能够持续三个交易日且短线涨幅较小，此时的量价形态较为清晰，可以适当参与追涨；反之，如果在我们识别出这种量价形态后，个股已短线涨幅较大，则宜等其短线调整后再买股入场。下面我们结合一个案例加以说明。

图 13-1 为紫光国芯 2017 年 8 月至 11 月走势图，个股之前一直处于稳健攀升走势，行情较为独立，这与其芯片概念有关，芯片题材正是当时市场上延续力度极强的热点之一，而此股又是正宗的题材股，且有业绩支撑，而股市的格局往往就是强者恒强，有业绩与题材支撑的个股，往往能在较长的时间跨度内持续上行。在这种背景下，借助于量价形态来分析市场多空力量的变化、后续买盘的跟进情况，是决定我们操作的重要依据。

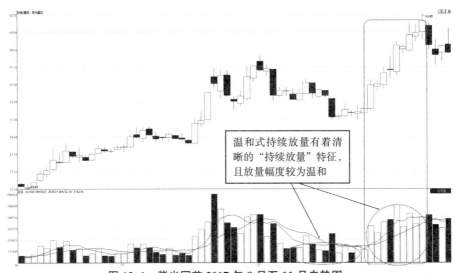

温和式持续放量有着清晰的"持续放量"特征，且放量幅度较为温和

**图 13-1 紫光国芯 2017 年 8 月至 11 月走势图**

如图 13-1 中标注所示，在个股短期回落幅度较大之后，成交量开始呈"温和式持续放大"形态，一波上涨走势再度启动，操作中，当个股已连续四日保持这种放量效果时，短线涨幅并不大，股价接近之前震荡区的高点，可以预计，在温和式持续放量形态不发生变化的情况下，一波创新高走势有望出现，这就是一个买股入场的好时机。

我们会在识别出一种量价形态后再采取行动，但是，如果当我们买卖一只个股后，若成交量出现了明显的变化，则应及时应变，而不能固守于原来的交易计划。以本例来说，在个股开始一波上涨后，我们可能会在第三、第四个交易日识别出这种温和式持续放量形态，从而实施买股操作，随后的量能不缩减、股价重心继续上行标志着我们买入行为的正确，但是，若随后出现了成交量的突增或大幅缩减，或是上涨乏力，则就应及时卖出，规避量价形态改变而引发的走势调整。

# 13.2　堆积等量式上扬

堆积等量式上扬形态，顾名思义，它对应着股价的一波上扬走势，量能放大效果呈"堆积等量"式。所谓的堆积式放量，它可以看作是连续型放量的一种特殊表现方式，堆积式放量是指连续多个交易日的成交量大幅度放出，且这些交易日的放量效果明显高于之前一段时间内的上涨波段量能。而"堆积等量式放量"，是指这些交易的放量幅度几乎完全一致，呈现出"等量"效果。

堆积等量式上扬既是量价形态的明显异动，又对应着价格走势转折特性，堆积式放量代表着市场分歧巨大，而"等量"式的放量效果又表明散户参与力度较小，否则的话，由于散户的进出速度、力度变化转快，是难以形成这种等量效果的。

在操作上，我们可以认为这种"等量"式形态特征是支撑股价上涨的核心要素，一旦个股打破这种"等量特征"，往往也就预示着短线上攻的结束。结合较多出现过此形态的个股来看，堆积等量式上涨并不是健康的放量上涨形态，它往往是个股将出现趋势转向的信号，实战中，它既可以作为短线卖出信号，也可以作为中线离场信号。

图 13-2 为贵人鸟 2017 年 5 月至 7 月走势图，个股在一波震荡上扬且创出阶段新高的走势，出现了堆积等量的形态，连续三日的放量幅度持平且放量幅度明显高于近一段时间的均量，这就是带有量能堆积特征的"等量式"

放大形态，虽然股价运行形态良好，但量价关系却提示我们应保持警惕，一旦量价形态打破，宜及时卖出，以规避中短线风险。对于此股来说，第四个交易日出现的成交量相对缩减且K线收于上影线，就是一个明确的中短线卖出信号。

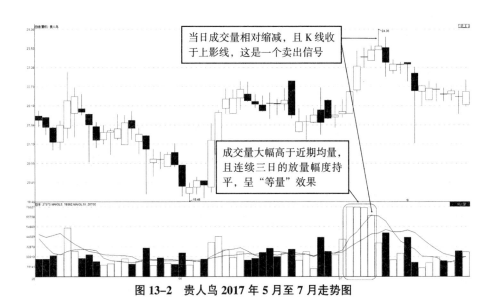

**图13-2 贵人鸟2017年5月至7月走势图**

## 13.3 盘口宽振式持续放量

盘口宽振式持续放量是指个股因连续多日的盘中振幅较大，引发了强烈的多空分歧，从而使得这期间的成交量持续放出。这种量价形态常出现在短线高点，盘中的巨大振幅伴以量能的明显放大，这既彰显了买盘的入场力度较强，也体现了卖盘加速离场。一般来说，持续的放量是保障个股站稳于短线高点或进一步上攻的动力所在，一旦成交量开始缩减，往往就预示着短线或将调整，可以视作卖出信号。

图 13-3 为露笑科技 2015 年 11 月至 2016 年 2 月走势图，个股在突破平台区的一波上涨走势，出现了量能的持续放大，细看期间 K 线可以发现，几乎每个交易日的盘中振幅都很大，过大的盘口振幅并伴以上涨的量价配合，对于短期内的多方力量消耗是极大的，一旦成交量开始缩减，往往就是多方"力有不支"之时。如图中标注，在两个交易日连续小阳线的反弹上涨中，股价虽有所回升，但成交量却明显缩小，这就是一个相对明显的中短线卖出信号。

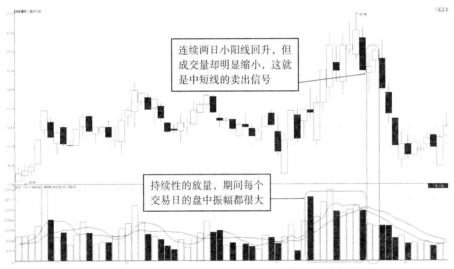

连续两日小阳线回升，但成交量却明显缩小，这就是中短线的卖出信号

持续性的放量，期间每个交易日的盘中振幅都很大

**图 13-3　露笑科技 2015 年 11 月至 2016 年 2 月走势图**

善于观察个股走势，总结交易经验，才能更好地把握短线买卖点。以盘口宽振形态为例，如果我们细心观察就会发现，这种盘口形态总会引发放量，而且，"连续两日出现盘口宽振+连续两日收于大阳线"组合一旦出现，不管个股这两日的放量效果如何，是相对温和式的放量，还是出现了天量成交，往往都会在随后的几日内出现一波深幅调整，从超短线的角度来看，这种组合就是一个明确的卖出信号。

图 13-4 为奥佳华 2016 年 7 月至 11 月走势图，在此股运行的这段时间内，股价上下波动较为剧烈，期间共出现了三次"连续两日出现盘口宽振+

连续两日收于大阳线"的组合，可以看出，个股的短线位置点越高，连续两日的上涨幅度越大，则随后的短线回调力度就越大，如果我们利用这种组合提示的短线卖出信号，并结合股价位置区间，实施高抛低吸的波段操作，不仅可以规避短线风险，还能通过个股活跃的波动特性获取丰厚的波段利润。

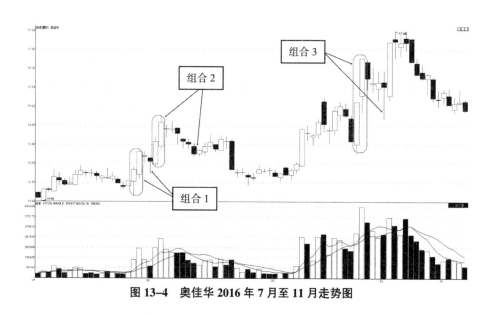

**图 13-4　奥佳华 2016 年 7 月至 11 月走势图**

# 13.4　中档缺口式持续放量

中档缺口式持续放量是指个股在连续多日持续放量的情形中，中间至少两日出现了较为明显的相对缩量，但相对缩量日的量能幅度也明显大于持续放量之前的均量水平，从形态上看，相对缩量日的出现犹如持续放量形态中间出现的"缺口"。

这种量价形态常见于个股震荡上行的背景下，给人一种量能充足、量价齐升的直观感觉，但持续性的放量却极大地消耗了潜在的多方力量，中间缺口的反复出现则表明了买盘跟时的力度与速度不足，一般来说，个股有随时反转向下的风险，操作中，当个股出现打破震荡上行节奏的大阴线时，往往就是中线见顶之时，持股者应及时减仓或清仓，在市场环境相对较好时，可以逢反弹出局。

图 13-5 为盛天网络 2017 年 10 月至 2018 年 1 月走势图，个股在一波自低区开始的震荡上行走势中出现了中档缺口式放量形态，虽然一连串的中小阳线助推了股价的上涨，但整体式放量幅度的过大以及中档缺口的反复出现表明这一波上涨走势更有可能是跌势中的反弹，而非底部区的反转，操作中，应逢高减仓。

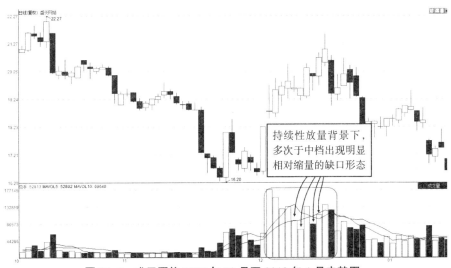

持续性放量背景下，多次于中档出现明显相对缩量的缺口形态

图 13-5 盛天网络 2017 年 10 月至 2018 年 1 月走势图

# 13.5　升势整理中的持续放量

在相对明确的上升趋势中，个股出现了横向震荡整理的走势格局，若整理期间的成交量持续放出，多表明市场在此位置区存在着较大的分歧，而且，这种持续性的放量也意味着整理中的回调波段出现的放量，而这正是场内资金大力卖出的信号。操作中，我们一要紧跟量能变化；二要关注股价的突破方向。一旦成交量出现缩减趋向且个股无力向上突破，则预示着破位下跌行情或将出现，应及时卖出以规避风险。

图 13-6 为联得装备 2017 年 8 月至 12 月走势图，个股在高位区的横向震荡区间出现了连续性的放量形态，当量能出现缩减趋向后，此时的连续三根小阴线表明个股并无向上突破的动力。这个区间的持续性放量预示着随后的方向选择的强烈性，当个股无法果断突破上行时，则应控制风险，中短线卖股离场。

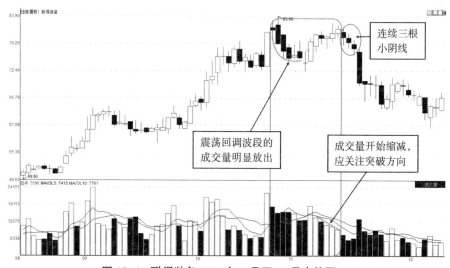

**图 13-6　联得装备 2017 年 8 月至 12 月走势图**

# 13.6　后量大前量持续放量

后量大前量持续放量是一种出现在上升行情中的整体性放量形态，个股在第一波段上涨中出现了相对温和的持续放量，随后，第二个创新高的上涨波段中出现了效果更为显著的持续性放量。

经过两波段持续放量上涨后，多方力量得到了较大的消耗，特别是第二波的持续放量对于中短期内潜在的买盘的消耗极大，此时，一旦个股出现了震荡滞涨，多标志着买盘的跟进力度已经减弱，中期顶部出现概率增大，操作中，宜逢高卖出，规避风险。

图 13-7 为盛和资源 2017 年 6 月至 10 月走势图，如图中标注所示，第二个上涨波段的持续放量幅度明显大于之前的一个上涨波段，当第二波段的上涨形态未见改变、放量幅度未见缩减时，可以耐心地持股待涨。但是，随后涨幅的加大，可以看到个股出现了深幅回落，这是抛压明显增强的标志，

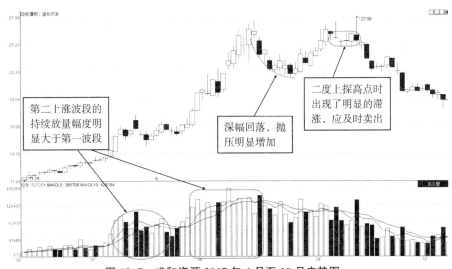

第二上涨波段的持续放量幅度明显大于第一波段

深幅回落，抛压明显增加

二度上探高点时出现了明显的滞涨，应及时卖出

图 13-7　盛和资源 2017 年 6 月至 10 月走势图

随后，当股价二度上探至高点时，连续多日无法实现突破，这表明此位置点的阻力极强，个股或将在此点位形成中期顶部，操作中，应清仓离场，规避筑顶后的反转下跌风险。

# 13.7 井喷式放量飙升

井喷式放量飙升是一种经典的量价组合形态，它是指在个股的一波短线飙升走势中，成交量大幅度放出，量能放大幅度远高于之前的均量水平，且这种放量效果至少持续三个交易日。

井喷式放量飙升组合的出现，既是买盘强力入场的信号，也是抛压较重的信号，由于买盘的大量入场推动，个股得以短线飙升，但成交量是双方交易的结果，过于放大的量能标志着市场抛盘数量同样巨大，这提示我们：一旦买盘入场力度明显减弱（体现在量能的缩减上），无法继续推升股价，则在抛盘的压力下，短线顶部或将出现，操作中，应结合个股波动情况及量能变化实施减仓或清仓。

图 13-8 为盛屯矿业 2017 年 6 月至 10 月走势图，在回调企稳后，个股开始加速上攻，连续四个交易日的量能呈井喷式放大状，这就是井喷式放量飙升形态。它是上攻行情加速的信号，也是买盘巨量涌入的标志。但是，一旦成交量开始缩减，往往就是短线上攻走势见顶之时，此时，稳妥的操作策略是：逢盘中震荡冲高之际卖股离场。

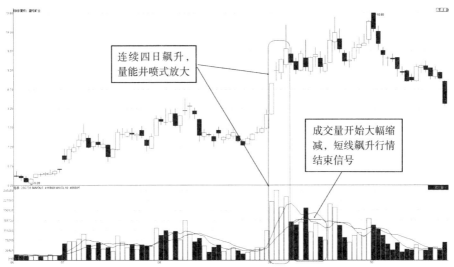

连续四日飙升，
量能井喷式放大

成交量开始大幅缩
减，短线飙升行情
结束信号

**图 13-8　盛屯矿业 2017 年 6 月至 10 月走势图**

# 第14章 "探头"式放量

"探头"式放量的形态特征较为特殊，它出现在个股近期放量的背景之下，随后的某个交易日成交量高出了之前放量水平的一大截。一般来说，"探头"式放量常见于上涨波段中，是价格走势短线见顶的信号之一。但也有一些"探头"式放量是突破的信号，实盘操作中，我们应结合具体情形来应对。本章中，我们将结合几种不同的情形来看看如何利用"探头"式放量把握短线交易时机。

## 14.1 量价升势"探头"放量

量价升势的"探头"放量出现在量价齐升、趋势向上的背景下，在个股的一波上涨走势中，可以看到成交量随股价上涨不断放大，5日均量线稳步向上，随着上涨的加速，一个单日大幅放量的阳线出现，且这一交易日的成交量明显高于5日均量水平，这就是量价升势下的"探头"式放量。

出现在这种情形下的"探头"式放量并不是升势终结的信号，但一般预示着短线上攻告一段落，股价走势或将迎来调整。在中短线操作上，可以减仓规避风险，等随后价格走势企稳后，再择机加仓买回。

图14-1为神火股份2017年5月至8月走势图，如图中标注所示，这个"探头"式放量出现在量价齐升的背景下，它不是趋势见顶的信号，但对短期的强势上涨形成了阻挡，随后，个股强势震荡并未深幅调整且震荡区的量

能未见明显缩小，这表明买盘入场较为积极、空方抛压并不占优势。在结合个股具体走势的基础上，此时，若我们在"探头"式放量出现之后实施了减仓或清仓，而中线又看好此股的上涨，则此时可以逢盘中震荡之机加仓买回。

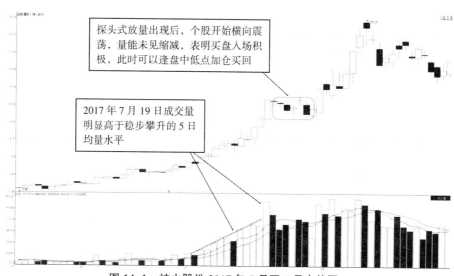

探头式放量出现后，个股开始横向震荡，量能未见缩减，表明买盘入场积极，此时可以逢盘中低点加仓买回

2017 年 7 月 19 日成交量明显高于稳步攀升的 5 日均量水平

图 14-1　神火股份 2017 年 5 月至 8 月走势图

## 14.2　堆积等量"探头"放量

堆积等量"探头"放量出现在堆积式放量上扬的情形下，在上涨波段中，个股成交量持续放大，且每个交易日的放量幅度接近，呈现出等量式堆积放大形态，随后，某个交易日的成交量明显高于这个堆量水平，形成了"探头"放量效果。

堆积式放量上涨的持续性较差，多出现在反弹波段，当"探头"式放量出现后，往往就是中短线见顶之时，宜实施中短线卖股操作。

图 14-2 为长源电力 2016 年 8 月至 2017 年 4 月走势图，个股在震荡区的一波反弹上涨走势中，成交量呈堆积式等量放大形态，随后 2017 年 4 月 12 日的成交量则明显高于这个堆积放量水平，这就是"探头"式放量形态，预示着反弹波段的见顶。

2017 年 4 月 12 日，当日的放量幅度明显高出之前的堆量水平

图 14-2　长源电力 2016 年 8 月至 2017 年 4 月走势图

# 14.3　上涨加速"探头"放量

在个股的短线一波放量上涨走势中，短线已涨幅较大，此时再度加速上攻，若成交量明显高于之前的放量水平，则会形成上涨加速波段的"探头"放量形态。一般来说，它标示着短期内的多方力量已得到了充分释放，而此时的逢高抛压则较为沉重，预示着一波深幅回落或将出现，短线操作上，应卖出。

图 14-3 为蓝晓科技 2017 年 7 月至 9 月走势图，个股一直处于稳健的攀

升走势中，当突破低位震荡区，上涨速度明显加快，如图标注，连续三日的上涨走势中，成交量不断放大，随后的第四日的放量幅度明显高于之前三日，这就是上涨加速波段中的"探头"放量，也是个股短线上涨遇到的阻力或将深幅调整的信号。

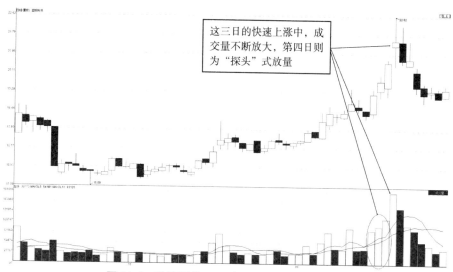

这三日的快速上涨中，成交量不断放大，第四日则为"探头"式放量

图 14-3　蓝晓科技 2017 年 7 月至 9 月走势图

## 14.4　堆量飙升"探头"放量

堆量飙升"探头"放量常用于分析热点题材股的短期飙升走势，当个股有热点题材支撑时，股价往往会急速上涨，甚至是以接连涨停板的方式，这种极端的价格走势会极大地激发市场分歧，从而造成巨量放出，在巨量不缩减、上涨势头强的时候，应继续持股待涨。

但是，随着题材热度的衰减，买盘入场力度的减弱，短线走势一旦见顶，往往就会出现深幅调整。此时，借助于"探头"放量形态往往可以很好地把握住短线高点位置，又不至于过早离场、踏空行情。在堆量飙升过程中，如果某个交易日的成交量明显高于之前的堆量水平一大截，这就是预示着题材行情暂告一段落的"探头"放量形态，也可以作为我们短线卖出的提示性信号，操作中，即使不清仓离场，也应减仓以规避可能出现的剧烈波动。下面我们结合一个案例来看看如何利用这种量价形态把握热点题材股的短期顶部。

图 14-4 为天业股份 2017 年 8 月至 11 月走势图，2017 年 11 月 3 日此股跳空涨停，这种异动走势缘于消息刺激："11 月 2 日午夜，江南嘉捷披露重组草案，公司拟出售其全部资产及负债，通过资产置换及发行股份购买三六零科技股份有限公司 100% 股权。"从美股私有化退市，到披露借壳 A 股草案，一年多来被各方企望的奇虎 360"回 A"方案终于出炉。

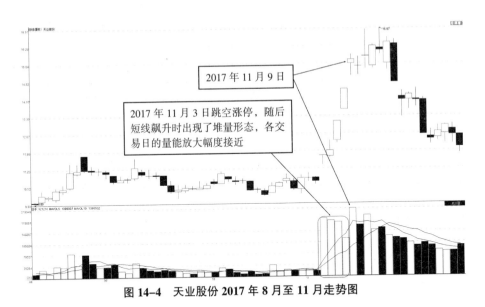

**图 14-4　天业股份 2017 年 8 月至 11 月走势图**

这引发了市场对于这一题材的关注，市场随后给予了热烈的回应，电广传媒、中信国安、天业股份等直接或间接持有 360 公司股份的个股成了热点题材股，天业股份因参股数量相对较多、股本较小，而成了此轮题材中的龙头品种，在短线飙升走势，成交量连续放大，但其放量形态有一个特点：每个交易日的量能放大幅度接近，这就是题材行情中的堆量式飙升量价组合。只要这样的放量幅度得以保持，不出现明显的变化（缩量涨停除外），短线上就可以继续持有，让题材行情充分释放。

但是，随后的 2017 年 11 月 9 日，个股虽然跳空大涨、收于阳线，但当日的成交量却明显高于之前飙升时的堆量水平一大截，这就是本节中所讲的"堆量飙升'探头'放量"形态，是短线见顶的信号之一，操作上，应依据这一信号实施减仓或清仓。

# 14.5　突破型的"探头"放量

"探头"式放量常常作为短线调整的提示信号，但是，也有一些个股向上突破时出现的这种量价形态并不是下跌信号，实盘中，我们应结合个股的具体盘特征，综合分析，才能得出结论。下面我们结合一个案例来看看如何把握好具体突破意义的"探头"式放量。

图 14-5 为南京银行 2018 年 1 月 17 日分时图，当日，个股以一根大阳线实现了加速上攻、并突破了前期整理区间，当日的成交量明显高于之前放量缓升时的均量水平，是在原有放量基础上的进一步放量，可以称之为"探头"式放量。

对于这个"探头"放量形态，我们可以从以下三点来分析：

首先，从股价位置点来看，个股之前未出现大幅飙升，短线涨幅不大，中短期内仍有一定上升空间。

其次，从当日 K 线及分时形态来看，阳线实体明显大于上影线，这表明多方力量依旧占据优势；当日的分时线也较为强势，只是在盘中很少的一段时间内处于均价线下方，其余均稳健地运行于均价线上方，是多方力量短期占优的标志。

最后，结合个股质地分析，这是一只大盘股，这类个股短期内的多空力

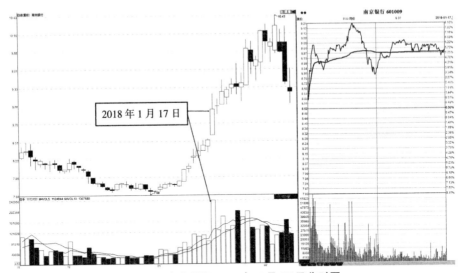

2018 年 1 月 17 日

图 14-5　南京银行 2018 年 1 月 17 日分时图

量对比格局一旦明确，相对中小盘股来说，其延续性更强，当日此股处于突破上攻行情刚刚启动的位置点，中短线仍可适当看涨。

综合以上各点，此股短期内或仍将上行，操作中，不必急于获利了结，可以继续持股待涨。但是，若个股随后几日出现了明显的滞涨或回调，走势与我们的预判不符，则应及时调整思路，跟随市场。

# 第 15 章　递增式放量

　　递增式放量组合由少则三个交易日、多则五六个交易日组合而成，它是指个股在连续数个交易日内，其成交量呈现出了逐日放大的递增式变化，即后一个交易日的成交量略大于上一个交易日（注：在实盘操作中，我们不必严格地拘泥于这种"后一交易日量能略大于上一交易日"这种情况，只要 5 日均量线保持持续上扬形态，则这种局部量能形态就可以称为逐日放大的递增式量能）。

　　递增式量能多出现在个股的一波上涨走势中，它蕴含了两点信息：一是在不断推升股价的过程中，买盘的入场力度越来越大，但由于短期内的买盘数量毕竟是有限的，因而，这也是对短期内多方力量的一种快速消耗；二是虽然股价不断上涨，但交易是双向的，不断放大的量能也同时说明市场的获利抛压越来越重。

　　"涨时需有量能支撑，跌时则无须放量"，因而，当递增式放量上涨形态出现后，一旦成交量无法继续放大时，这就意味着买盘入场力度开始减弱，此时，多方力量将难以抵挡获利抛压的涌出，个股一波下跌走势也就在所难免。

　　递增放量的过程就是买盘加速入场推动股价快速上涨的过程，递增放量直接反映了占优一方的优势在持续增加，但是一旦这种优势无法再继续扩大（即递增效果无法再维持下去），个股就会出现一波调整或反弹，这也可以说是"物极必反"的原理。

　　从实际走势来看，递增式量能中的成交量峰值处往往也就是个股阶段性高点的位置处，在实盘操作中，一旦个股无法维持这种递增放量的效果，则我们就宜短线逢高卖股，以规避随后的下跌风险。递增式放量是一种极为常见的量价组合，本章中，我们将结合价格走势的不同情形来看看如何运用递增式放量展开操作。

# 15.1 二度冲顶递增放量

二度冲顶递增放量出现在高位震荡走势中，先是一波创新高的快速上涨，随后出现了一波深幅调整，在调整后的低点，股价再度强势向上接近新高，在这一波震荡上涨中，成交量呈递增式放大形态。如果此时出现了阴线阻挡形态打破了递增放量上涨节奏，或是成交量已递增到近期峰值，而个股又未有效突破前期高点，多预示着突破走势并不成功，此区域有望筑顶，持股者应及时逢高卖出，规避顶部反转后的深幅下跌风险。

图 15-1 为中通客车 2017 年 10 月 9 日分时图，个股在二度上探高点过程中，连续四日的成交量逐级递增，这就是递增式放量。随后的第五日收于一个阴线十字星、上影线较长，显示上攻遇阻，这也打破了递增式放量上涨的节奏，预示着短期内难以突破成功，中短线操作上，应卖出。

值得注意的是，个股在之前快速上涨并创出新高时，出现了一个形态十分鲜明、量能放大效果显著的"双阳上涨式脉冲放量形态"组合，通过前面章节的内容可知，这是预示着短线调整的信号。

对于递增放量上涨来说，短线高点的量能并不一定要达到或超过近期的量能峰值点，如果上涨时有一个明显的递增放量效果，且随后出现了放量阴线、打破了原有的连续阳线型递增放量上攻形态，则也是短线上涨结束的信号。

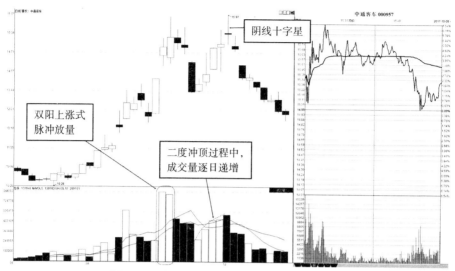

图 15-1 中通客车 2017 年 10 月 9 日分时图

# 15.2 跌势反弹递增放量

跌势反弹递增放量出现在趋势下行、中短线跌幅较大的位置点，此时，个股出现了一波较为强劲的上涨，在这一波上涨走势中，成交量呈递增放量形态。一般来说，这种量价形态仅预示反弹走势，并不是趋势反转的信号，也很难支撑个股站稳于短期高点，随后出现深幅回落甚至再度步入跌势的概率较大，操作中，当量能递增无法持续时，应中短线卖股离场。

图 15-2 为名家汇 2017 年 3 月至 7 月走势图，如图中标注所示，在中短线大幅下跌后的位置点，这一波上涨走势中，连续六个交易日的成交量呈现为逐级递增的放量方式，随后的第七个交易日，成交量没有再进一步递增放大，当日收于阴线，此时应中短线卖出。

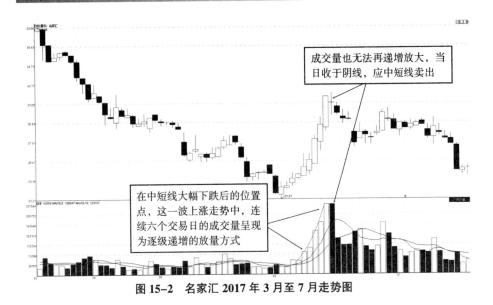

成交量也无法再递增放大，当日收于阴线，应中短线卖出

在中短线大幅下跌后的位置点，这一波上涨走势中，连续六个交易日的成交量呈现为逐级递增的放量方式

图 15-2　名家汇 2017 年 3 月至 7 月走势图

# 15.3　震荡区突破递增放量

　　震荡区突破递增放量是指个股先出现了较长时间的横向震荡走势，随后在一波反弹上涨并突破震荡区间的走势中，出现了递增式放量形态。一般来说，这种量价形态很难突破成功，个股再度跌回震荡区的概率较大，操作中，当量能递增式放大无法持续时，短线应卖出。

　　图 15-3 为兴蓉环境 2017 年 1 月至 5 月走势图，如图中标注所示，在一波上涨走势中，个股突破了前期构筑的横向震荡平台，但是这一波的上涨却出现了连续四日递增放量形态，这表明突破走势或将无功而返。在第五日量能无法进一步放大且当日收于阴线的情况下，中短线操作宜卖股离场，以规避风险。

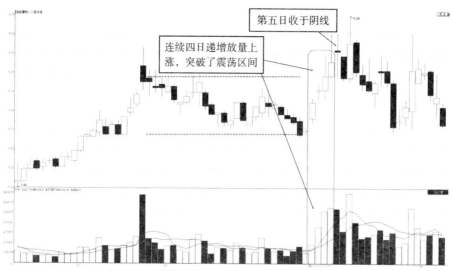

图 15-3　兴蓉环境 2017 年 1 月至 5 月走势图

连续四日递增放量上涨，突破了震荡区间

第五日收于阴线

# 15.4　创新高凌厉上涨递增放量

一波创出阶段新高的凌厉上攻走势中，若个股出现了明显的递增式放量形态，则很难站稳于短线高点，一旦成交量达到阶段峰值后，随后出现快速、深幅回落或是行情反转的概率较大，操作中，应在量能峰值点当日（或次日）及时卖出，以规避中短线风险。

图 15-4 为东风汽车 2017 年 8 月至 11 月走势图，个股连续数日强势上涨，创出阶段新高，成交量呈递增式放大，这表明随着股价的上涨，抛压越来越沉重，如图中标注，2017 年 10 月 10 日出现了明显的低开，盘中走势较弱，且当日量能出现缩减，这表明递增式放量上涨波段或将结束，是深幅调整走势将要出现的信号，当日应逢盘中震荡反弹之机，卖出离场。

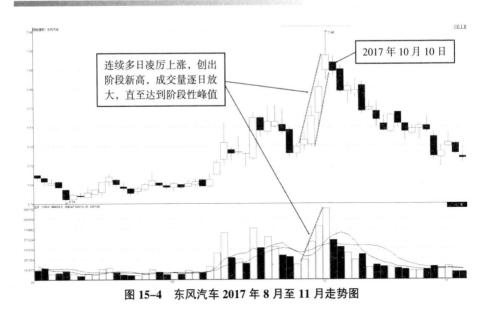

连续多日凌厉上涨，创出阶段新高，成交量逐日放大，直至达到阶段性峰值

2017 年 10 月 10 日

图 15-4　东风汽车 2017 年 8 月至 11 月走势图

# 15.5　"快节奏"的递增放量

在前面案例的递增放量组合中，起初的放量幅度都较为温和，随后才随着递增而不断放大。但也有一些个股在上涨启动之初就有着较大的放量幅度，随后仍是递增效果，这是一种"快节奏"的递增放量。将其称之为"快节奏"，是因为它的递增放量上涨的持续时间往往只有两三个交易日，短线上攻行情虽然看似凌厉，但却十分短促，短线操作上，只宜逢高卖出，不宜追涨入场。

图 15-5 为西山煤电 2017 年 5 月至 8 月走势图，个股横向窄幅整理区开始的一波突破上涨，如图中标注，这一波上涨中的第一个交易日就出现了较大幅度的放量，随后两日则进一步递增式放量，这一波"快节奏"的递增放量上攻只持续了三个交易日，第四日的量能大幅缩减，宣告短线上攻走势的结束，也是一个明显的中短线离场信号。

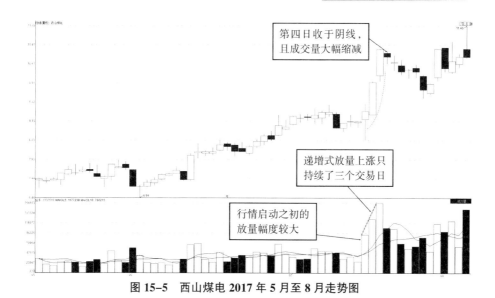

第四日收于阴线，且成交量大幅缩减

递增式放量上涨只持续了三个交易日

行情启动之初的放量幅度较大

图 15-5　西山煤电 2017 年 5 月至 8 月走势图

# 15.6　递增下的"探头"放量

上一章中我们讲解了"探头"式放量，这是在原有放量组合下的进一步再度放量，且后续的放量幅度明显高于之前均量水平一大截。递增式放量有一个循序渐进、逐日小幅度递增的放量过程，因而，它不属于"探头"式放量。

但是，在递增放量上涨组合形成后，却可能随着上攻行情的加速，而于某日突然出现较大幅度的进一步放量，这就是递增放量背景下的"探头"式放量。一般来说，"探头"式放量出现后，个股次日低开、随后短线调整的概率极大，短线操作上，当日收盘前宜减仓或清仓。

图 15-6 为拓尔思 2017 年 6 月至 9 月走势图，个股在突破低位整理区的一波稳健上扬走势中出现了温和的递增式放量形态，随后，上攻行情突然加速，当日量能突然大幅度放出，这就是递增放量背景下的"探头"式放量。

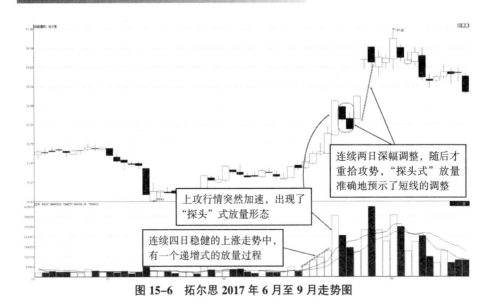

連續兩日深幅調整，隨後才重拾攻勢，"探頭式"放量準確地預示了短線的調整

上攻行情突然加速，出現了"探頭"式放量形態

連續四日穩健的上漲走勢中，有一個遞增式的放量過程

**图 15-6　拓尔思 2017 年 6 月至 9 月走势图**

　　这种量价形态虽然不是上攻行情结束的信号，但就短线走势来看，它预示了随后出现的快速调整，至于调整的幅度大小与时间长短，则取决于个股及当时市场环境。以本例来看，此时的突破行情刚刚展开，中短线涨幅较小，且突破点收于涨停板，短线上仍有上攻空间，因而，这个"探头"放量只能预示随后一两日出现的回落，并不是中短线行情结束的信号。操作中，我们既要关注量价组合，也要依据个股的特质及市况，这样才能更好地调度仓位，既控制了短线回落风险，又不至于踏空行情。

# 第16章 常见放量形态汇总

量能的放大体现了多空双方交锋趋于激烈，常常是个股走势启动或加速的信号，蕴含着机会，也蕴藏着风险，除了前几章讲解的放量类型外，还有一些较为典型的放量形态值得关注，本章中，笔者结合实战经验，总结了几种实战性强、形态特征显著的放量形态，在阐述市场含义的基础上，来看看如何利用它们把握个股的买卖时机。

## 16.1　滞涨型放量上涨

滞涨型放量反弹出现在上涨走势波段，在一波上涨走势中（可以是反弹型的上涨波段，也可以是创出阶段新高的上涨波段），出现了连续数日上涨乏力（多以连续小阳线呈现），但量能却明显放大的形态配合。这种量价关系预示着上涨的阻力较大，量能的放大也无法催生涨势的加速，一般来说，它预示着短线上涨结束及新一轮下跌走势即将展开。

从一些个股的表现来看，当其出现滞涨型放量上涨形态后，随后的短线下跌往往是速度快、幅度大，是短线高风险的信号，操作中，一旦识别出这种量价形态，第一时间卖股离场是最佳策略。

图16-1为亚泰国际2017年8月1日至11月13日走势图，个股在一轮深幅下跌之后，开始向上反弹，从图中标注的三个交易日可以看到，连续三根小阳线、股价涨幅极小，但这三日的成交量却大幅度地放出，这属于反弹

波段中的滞涨型放量形态，是反弹结束、新一轮下跌行情即将出现的信号，应及时卖出。

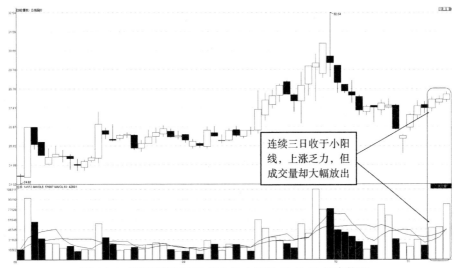

连续三日收于小阳线，上涨乏力，但成交量却大幅放出

**图 16-1　亚泰国际 2017 年 8 月 1 日至 11 月 13 日走势图**

# 16.2　低开型放量小阴线

低开型放量小阴线，是指个股当日出现了较为明显的低开（低开幅度在2%以上），随后的全天走势较弱、收于小阴线且量能呈放大状态。低开型的小阴线，代表着当日的运行是弱势开盘、弱势运行，是空方占据主动的信号；由于当日处于放量状态，这表明市场抛压较重，多方只是在被动承接而无反击之力。

这种量价形态常用于判断盘整之后的价格选择方向，特别是在低位盘整走势中，长期企稳整理甚至股价重心呈上移状态，若出现了这种低开型放量小阴线的形态，则表明当前的位置区更有可能是下跌途中的一次中继整理，距离底部尚有一定空间，是新一轮破位下行走势或将出现的信号，操作中，应卖出以规避风险。

　　图 16-2 为山河药辅 2016 年 12 月 9 日至 2017 年 5 月 3 日走势图，个股在低位区出现了企稳回升走势，形态上来看，有底部反转的可能，但是，在刚刚展开突破的时候，如图中标注，就出现了一个低开低走、放量小阴线的形态（2017 年 3 月 24 日），当日的量能放大显著，这表明此位置点的市场抛压仍然十分沉重，空方再度占据了明显主动，是随后走势或将出现大幅回落的信号，中短线操作上，应卖出。

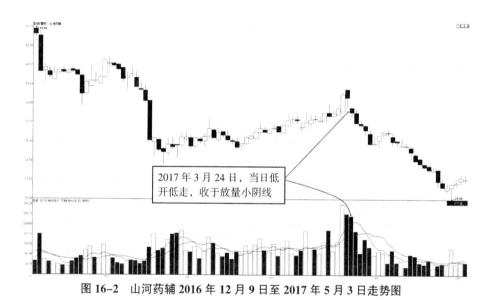

2017 年 3 月 24 日，当日低开低走，收于放量小阴线

图 16-2　山河药辅 2016 年 12 月 9 日至 2017 年 5 月 3 日走势图

## 16.3　震荡中一上二下式放量

　　震荡中一上二下式放量是指在横向震荡走势中，个股先是出现了一个放量特征明显的大阳线，但紧随着就是连续两三日的阴线回落，虽然回落时的

成交量小于阳线当日，但成交量较之前的均量水平仍要高出一截，它们共同构成了"一上二下式放量"的组合形态。

这种量价组合形态的出现，预示着个股在震荡区只要稍有上攻倾向，就会引发出较多的抛盘，是市场逢高抛压加重的信号，如果在横向震荡区反复出现一上二下式放量的组合形态，且放量效果越来越明显，则预示着个股随后跌破震荡区的概率较大。

图 16-3 为智度股份 2017 年 9 月 13 日至 11 月 16 日走势图，如图中标注，个股在横向震荡区前后两次出现"一上二下式放量"的组合形态，且后面的组合形态有着更明显的放量特征，这是市场抛压进一步加重的标志，也是破位走势临近的信号，操作上，应及时地逢高卖出，规避破位风险。

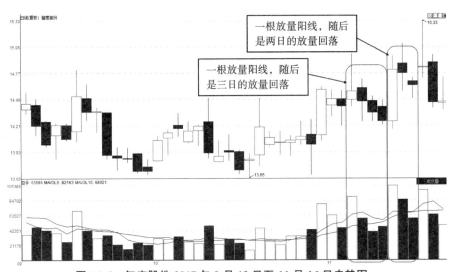

图 16-3　智度股份 2017 年 9 月 13 日至 11 月 16 日走势图

# 16.4　上涨后回调不缩量

　　个股在整理区的缓慢攀升波段之后（或是强势上涨波段之后）出现了连续几日的小幅度回调，若回调时的成交量与上涨波段量能相近，这可以称之为"上涨后回调不缩量"形态。

　　"涨时有量，跌时缩量"是健康的上涨式量价组合关系，它也是多方力量相对占优的一个通用标志。但是，如果个股在上涨之后的回调走势未出现快速缩量，在更多的时候，这就是市场抛压开始增强、市场筹码锁定度下降的标志，多预示着随后或有更深的下跌空间。

　　图16-4为扬帆新材2017年9月12日至11月29日走势图，个股在横向震荡区出现了一波缓慢攀升走势，在图中标注的三个交易日回落中，成交量未出现缩减，它表明此波回调走势遇到了更强的市场抛压，短线走势上或有更深的下跌空间，操作上，应及时卖出。

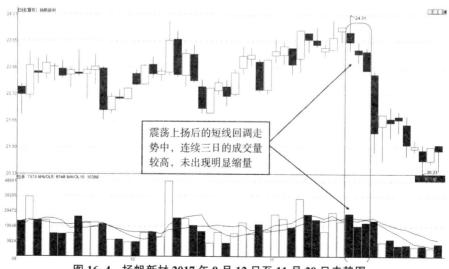

震荡上扬后的短线回调走势中，连续三日的成交量较高，未出现明显缩量

图16-4　扬帆新材2017年9月12日至11月29日走势图

图 16-5 为金轮股份 2017 年 8 月 16 日至 10 月 30 日走势图，个股突破横向整理平台后，出现了两波较为强势的上涨，在第二波上涨后的短线回调过程如图中标注，连续三日的短线回调并未引发成交量的快速缩减，此时的成交量值依旧处于较高的状态，这就是上涨后的高点回调不缩量形态，也表明此波回调走势有较多抛盘涌出，是下跌空间即将打开的信号，也是中短线卖出信号。

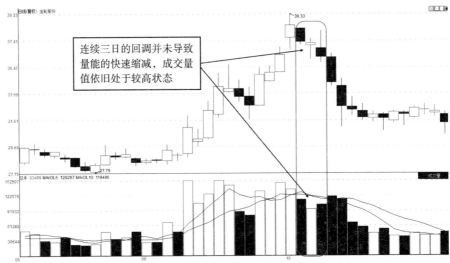

连续三日的回调并未导致量能的快速缩减，成交量值依旧处于较高状态

图 16-5　金轮股份 2017 年 8 月 16 日至 10 月 30 日走势图

# 16.5　震荡向下放量突破阻力位

在个股整体趋势向下，以震荡方式不断走低的过程中，我们可以通过连接相邻反弹高点的方法画一条倾斜向下的阻力线，如果个股在低位企稳后向上放量突破了这个阻力位，多预示着买盘开始加速入场，是多空力量转变且多方上攻力度较强的标志，由于此时的反弹空间较大，个股有望走出强势的

反弹行情，这是一种将"下跌阻力位"与"放量大阳线"相结合来把握反弹行情的组合形态。

图16-6为建新股份2017年6月至2018年1月走势图，图中标示了个股震荡下跌过程中的阻力位，2018年1月3日，一个形态鲜明的放量大阳线出现在低位企稳区间且向上突破了这根阻力线所指示的阻力点位，这就是多方开始加大反击力度、反弹上攻行情将展开的一个信号，由于此时的反弹走势刚刚展开，短线涨幅较小，追涨的风险相对较小，因而，次日可逢盘中震荡之际买股入场。

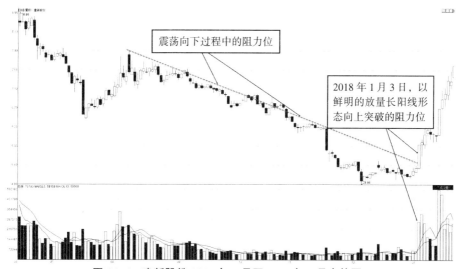

震荡向下过程中的阻力位

2018年1月3日，以鲜明的放量长阳线形态向上突破的阻力位

图16-6 建新股份2017年6月至2018年1月走势图

## 16.6 震荡向上放量跌破支撑位

与上一节的"震荡向下放量突破阻力位"形态刚好相反，"震荡向上放量跌破支撑位"则用于判断震荡上升行情后的中线转向时机。

在个股整体趋势向上，以震荡方式不断走高的过程中，我们可以通过连接相邻回落低点的方法画一条倾斜向上的支撑线，如果个股在一波回落过程中，以放量阴线的形态跌破了这个支撑点位，多预示着卖盘开始加速离场，是原有上升格局或将结束、一轮下跌行情将要展开的信号。

图 16-7 为丹邦科技 2017 年 9 月至 2018 年 1 月走势图，个股在相对高位区开始震荡，虽然上涨速度较为缓慢，但却走出了"一底高于一底"的上升形态，整体趋势运行格局仍然向上，但是，当个股于 2018 年 1 月 8 日再度回落至支撑位时，却放量向下跌破了此点位，这就是空方力量明显增强、市场抛压加重的标志，也预示着趋势运行格局或将调头向下，此时应及时卖出，以规避可能出现的一轮破位下行风险。

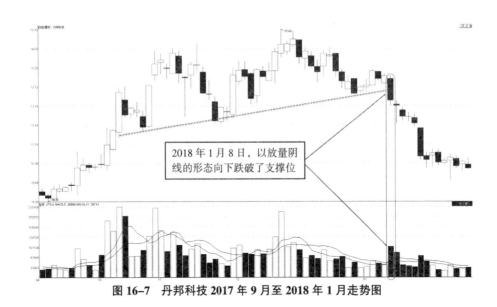

图 16-7　丹邦科技 2017 年 9 月至 2018 年 1 月走势图

# 16.7　整理区"凹"形放量

"凹"形放量，形态如同汉字"凹"，左右两侧为单日（或连续两三日）的大幅度放量，且放量效果相近，中间两三日则为断层式减小的缩量形态。这种量价组合常见于主力出货环节，是个股上涨乏力、抛压沉重的标志，当其出现在整理走势中时，多预示着随后破位下行的概率较大。

图 16-8 为启明信息 2017 年 3 月至 6 月走势图，个股在短期高点的横向整理走势中，出现了两个鲜明的"凹"形放量组合，虽然同期的价格走势波澜不惊，但量能形态的大幅度变化预示着当前的整理区是行情的反转阶段，个股随时有可能破位向下，本着规避风险，应及时卖出。

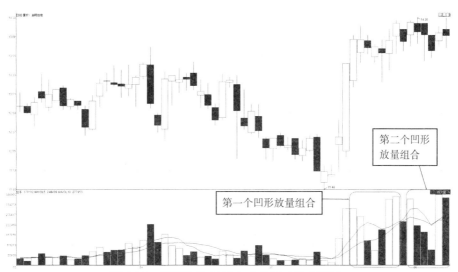

图 16-8　启明信息 2017 年 3 月至 6 月走势图

"凹"形放量也常对应于短线高点整理后的二度突破走势中，但这种量价形态并非买盘强劲、多方占优的信号，它所预示的二度突破走势往往只是股价偶然性的脉冲式上涨，随即引发反转下跌行情的概率更大，操作中，投资者不宜追涨买入。

图16-9为晨曦航空2017年11月至2018年2月走势图，在短线突破后的高点，个股横向震荡，随后再度以大阳线的方式向上突破并创出了阶段新高，但是，同期的成交量却是"凹"形放量形态，这种量能并不支撑突破行情的展开，短线操作中，应卖出，而不是追涨买入。

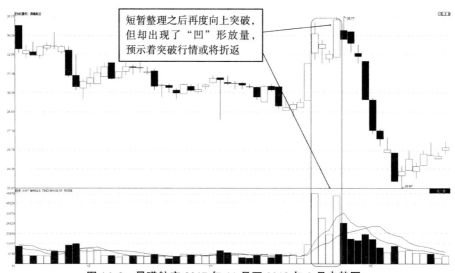

图16-9　晨曦航空2017年11月至2018年2月走势图

对于本案例来说，仅从K线形态上来看，个股似乎再度上攻的概率很大，如若忽略了成交量的变化，就很有可能追涨买入，这也是量价分析的重点所在，当成交量不配合个股K线运行形态时，我们就应留意股价走势的反转，从而把握机会，规避风险。

# 第17章 常见缩量形态汇总

　　放量有着鲜明的视觉效果，也使得个股的短线波动加剧；缩量被看作是成交清淡的标志，价格走势多为窄幅整理，常常被短线投资者忽视。殊不知，当一只个股真正开始放量并引起市场关注时，此时我们再入场，对于强势股来说，追涨风险较高；对于弱势下跌股来说，则有可能过早抄底被套的风险。

　　在量价分析中，对于市场筹码的锁定度、多空力量的强弱对比度要有一个客观、全面的分析，仅仅分析量能的放大则远远不够，在交易中易被价格的短线波动左右，缩量能够向我们提示主力控盘实力、市场浮筹锁定程度等信息，善用缩量组合形态，我们可以更好地把握多空力量变化，及时调整操作思路。可以说，如果我们不能正确理解、分析缩量形态，就很难做出正确的中短线决策，本章中，笔者结合实盘经验总结了一些较为常见的、实用的缩量组合形态，并结合个股的走势特征阐述了特定缩量组合形态的交易思路，力图帮助读者更好地理解、掌握缩量分析方法。

## 17.1　高位区地量横向整理

　　高位区，顾名思义，个股之前经历了较大幅度的上涨，从日K线图上来看，高位区的视觉效果非常明显。在这样的位置区，个股开始了横向震荡整理，随着整理的持续，个股上下波动收窄且成交量大幅度萎缩，远远小于前期上涨时的量能水平，呈现出一种"地量"效果。

出现这种量价走势的个股，主要有两种情况：一是个股因题材等因素而涨幅较大，进入高位区；二是个股有业绩支撑，之前的大幅上涨是对其合理估值的一个"修复"。无论是哪一种情况，地量滞涨走势的出现都是一个危险的信号，因为它代表着此股已"无人问津"了，对于一只没有市场关注度的个股来说，若没有高速的业绩增长作为支撑，将很难吸引买盘入场，它在这个平台上也很难再度上涨。而此时个股又身处高位区，虽然这种横向的窄幅波动给人一种个股强势整理、不会下跌的错觉，但只是暂时性的，一旦场内持股者（特别是持股数量较大者）开始抛售，即使数量不大，由于买盘寥寥无几，个股也会轻易跌破平台区并打开下跌空间。

图 17-1 为康达尔 2015 年 4 月至 2017 年 4 月走势图，个股经历了前期几轮上涨，进入高位区，在高位的横向震荡整理中，随着上下波动幅度的趋窄，量能也呈现出了"地量"效果，对于出现这种量价形态的个股，随后破位下行的概率较大，特别是没有业绩支撑或估值状态较高的个股，一旦出现破位，则下跌空间往往极大，操作中，不宜参与。

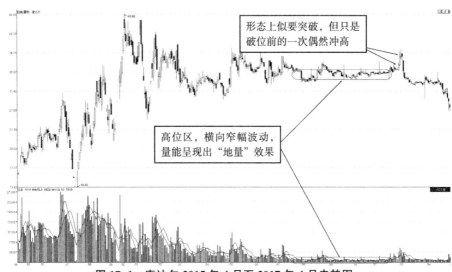

图 17-1　康达尔 2015 年 4 月至 2017 年 4 月走势图

投资者参与这种走势的个股还有一个潜在的风险，那就是上市公司的突然停牌。如果停牌期间市场走势较弱，或个股出现利空消息，则复牌后很有可能是连续无量的"一"字跌停板。因而，无论长线或是短线，对于这类潜在风险较大、中短线上涨概率较低的个股，稳妥的操作策略是回避它。

# 17.2　上涨后断层式缩量

上涨后的断层式放量，是指在一波快速上涨走势中，成交量出现了明显的放大，随后的回调或整理走势中，成交量在缩小时中没有一个不断缩减的连续变化过程，而是直接大幅度缩减并持续多日，这与之前上涨时的放量状态形成了一种"断层式"的效果。

对于短线快上攻且大幅放量的个股来说，成交量的持续放大是支撑股价上涨并站稳于高位的关键因素，它代表着买盘的入场力度不减，也代表着个股的股性活跃；一旦成交量出现了断层式的缩减，多表明入场的买盘突然大量减少，这并不是一种理想的缩减调整形态，常预示着之前的放量上涨或是昙花一现的表演，并不具有持续性，而此时股价又处于短线相对高点，随后继续回落下跌的概率较大，操作中，宜短线卖出，而不是在回调整理中买入。

图 17-2 为和佳股份 2017 年 8 月至 11 月走势图，如图中标注可见，回调整理中的突然缩量与之前上涨时的大幅放量形成了鲜明对比，且放量与缩量之间没有连续变化的过程，是量能突然性的缩减，这就是断层式放量，预示着之前的突破走势并不可靠，此时的缩量调整区域也不是中短线入场的时机。

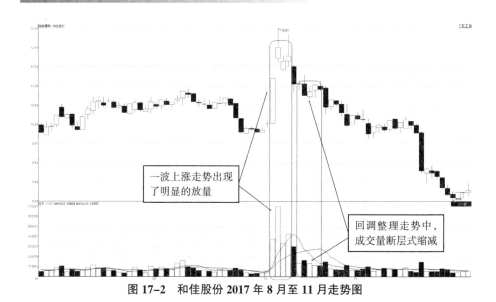

一波上涨走势出现了明显的放量

回调整理走势中，成交量断层式缩减

图 17-2　和佳股份 2017 年 8 月至 11 月走势图

# 17.3　整理区极度缩量点

　　整理走势在两种情形下，实战意义较为突出，一是中长期跌幅较大的低位整理区，这个区间往往是预示着底部的企稳区；二是中长期涨幅较大的高位整理区，这个区间往往是预示着顶部的滞涨区。

　　在低位区的整理走势中，如果在价格走势相对平稳、短线未见明显回落的情况下，成交量在原有缩量的基础上又出现了明显缩量，即呈现为极度缩量，且这种极度缩量状态可以至少持续两个交易日。这种形态多标志着主力的控盘能力较强，市场浮筹较少，当前区域为底部区的概率较大，一旦随后步入升势，则中长期上涨潜力大，操作上，可以积极地买入布局，耐心持有。

　　图 17-3 为东百集团 2015 年 4 月至 12 月走势图，个股经历了前期大幅下跌之后，进入到了低位横向整理区，随着横向整理走势的持续，可以看到成交量的不断缩减，这是企稳缩量形态，代表着多空交投力度减弱，如图中

标注，在横向整理过程中，股价短线未见明显波动，但这三日的成交量却突然大幅缩减，呈现为极度缩量状态。这属于低位整理区的极度缩量点，它的出现多预示着个股有主力潜伏且控盘能力强，这导致了市场浮筹较少，进而在整理过程中出现了极度缩量点。这种形态的出现也提示我们：可以中长线买入布局，耐心持有，个股后期的上升潜力或将较大。

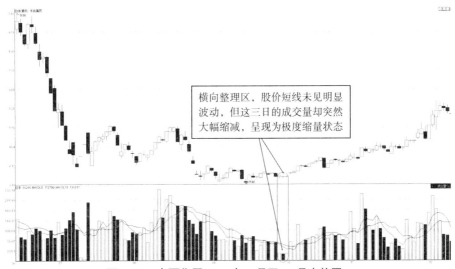

横向整理区，股价短线未见明显波动，但这三日的成交量却突然大幅缩减，呈现为极度缩量状态

图 17-3　东百集团 2015 年 4 月至 12 月走势图

在中短线高点整理区，如果没有相对强劲的整理走势（即整理过程中，股价重心未出下移）作为支撑，则极度缩量点的出现多标志着个股短期活跃度大幅下降，出现强势回升的概率不大，此时，少量的卖盘就可以轻松促使个股破位下行，风险较大，宜短线卖出。

图 17-4 为民丰特纸 2017 年 7 月至 10 月走势图，个股在短线一波突破上涨后出现了回落，随后是持续的横向整理走势，这不是强势的横向整理、股价重心有缓收下移迹象，因而，期间出现了极度缩量点可以看作是反弹上涨动力大幅减弱的信号，短线操作中，应卖出以规避破位下行风险。

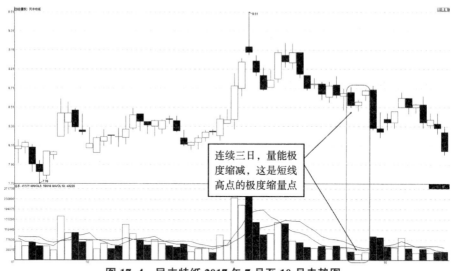

图 17-4　民丰特纸 2017 年 7 月至 10 月走势图

# 17.4　上涨后量能递减式整理

在短线一波上涨之后，如果在横向整理过程中（股价重心未见明显下移），成交量不断缩减，则表明此股的交投活跃度大幅下降，买盘入场意愿较低。如果之前的上涨速度较快、短线涨幅较大，则这种不断缩量的横向整理走势不仅打破了原有的上升节奏，往往预示着短线的见顶，操作中，应提防随后可能出现的破位风险。

图 17-5 为金杯汽车 2017 年 11 月至 2018 年 2 月走势图，个股经两波相对强势的上涨之后，短线涨幅较大，在此位置区开始横向整理，成交量随着整理走势而不断缩减，这就是"上涨后量能递减式整理"形态，结合个股的短线上涨较为迅疾来看，这种量价形态是短线见顶的信号，应卖出。

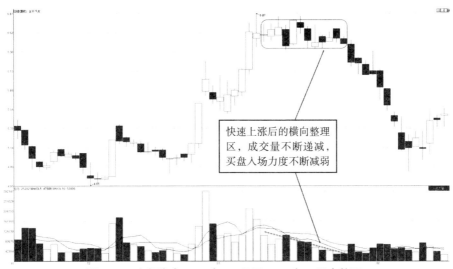

快速上涨后的横向整理区，成交量不断递减，买盘入场力度不断减弱

图 17-5　金杯汽车 2017 年 11 月至 2018 年 2 月走势图

# 17.5　低位震荡回落点极度缩量

在中长期的低位区，个股以宽幅震荡的方式实现了股价重心的缓缓上移，如果一波深幅震荡回落后，成交量达到了近几个月来的最低值，这就是一种极度缩量的形态。一般来说，它代表着个股的短线抛压极轻、市场多方占优的总体格局仍未改变，中短期走势有望再度反弹上攻，是一个相对积极的上涨信号，操作中，也是中短线买股布局的好时机。

图 17-6 为湖南天雁 2016 年 6 月至 10 月走势图，如图中标注所示，个股在低位区的震荡回落低点两次出现明显的极度缩量形态，它们都是短线调整结束、新一轮反弹上涨行情即将出现的信号，短线交易上，应把握好入场时机。

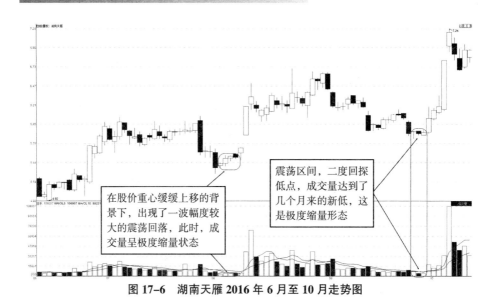

图 17-6　湖南天雁 2016 年 6 月至 10 月走势图

（图中文字说明）

在股价重心缓缓上移的背景下，出现了一波幅度较大的震荡回落，此时，成交量呈极度缩量状态

震荡区间，二度回探低点，成交量达到了几个月来的新低，这是极度缩量形态

## 17.6　创新高窄幅波动极度缩量

创新高窄幅波动极度缩量形态，与我们前面"高位区地量横向整理"形态较为相近，只是这时的极度缩量形态出现在创新高的上扬走势中，且个股在创新高的上涨过程及随后的整理过程中，股价的盘中波动往往很小，呈现出一种"不自然"的波动节奏。

这种量价形态同样也是高风险的象征，它的出现往往与主力资金控盘力度较强、市场浮筹较少有关，对于这样的个股，如果有快速且持续性好的业绩增长作为支撑，股价在大市较好的背景下，还可以站稳于高位区；如果其上涨走势没有业绩支撑，一旦于高位整理区形成破位下跌状态，后期往往有着极大的下跌空间。实盘操作中，这类个股的中短线风险远远高于机会，持股者宜及时卖出。

图 17-7 为大连电瓷 2016 年 8 月至 2018 年 1 月走势图，个股在前期上

涨波段还有成交量的不断放大作为支撑，但是随着上涨的持续，在图中标注的攀升走势中，股价上扬速度缓慢、期间多收于小阴小阳线（盘中波动幅度较小）且呈现出极度缩量的特征，这就是"创新高窄幅波动极度缩量"形态，结合基本面信息来看，个股上涨无业绩支撑。仅从技术形态来看，这种量价关系预示着高位区没有足够的买盘支撑，一旦有利空消息或是卖压加重，则很有可能步入快速下跌通道，高位区风险极大，中短线均不宜参与。

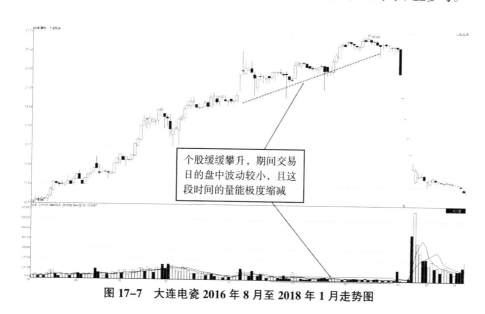

图 17-7 大连电瓷 2016 年 8 月至 2018 年 1 月走势图

## 17.7 反弹上涨阻力位缩量

　　反弹上涨走势，顾名思义，个股在短线上出现了一波上涨，股价再度接近或达到近期的高点，由于个股之前从这样的高点出现了明显的回落，从而导致此位置点的多空分歧较大，当个股再度上探至这一位置点时，它就会构成较强的阻力。

一般来说，如果再度反弹上涨至阻力位时，出现了相对明显的缩量，则表明市场做多力量不足、买盘入场力度较小，个股将很难突破创出新高，操作中，常视其为逢高减仓或清仓离场的信号。下面我们结合一个案例加以说明。

图 17-8 为联创电子 2017 年 8 月至 11 月走势图，个股在高位区出现横向震荡，当再度上探至前期高点时，成交量大幅缩小，这就是反弹上涨遇到阻力位时出现明显缩量的量价形态，也是个股难以突破上攻的信号，在这样的中短线高点，个股走势是不进则退，操作中，应本着风险规避的角度，及时卖出、锁定利润。

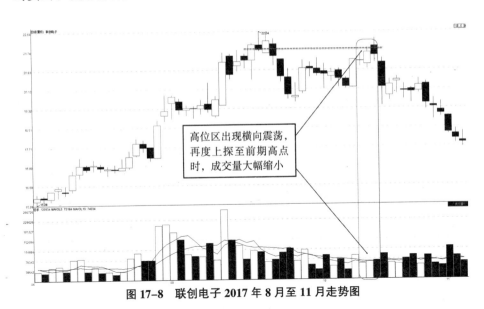

图 17-8　联创电子 2017 年 8 月至 11 月走势图

# 17.8　震荡收窄下的缩量

个股经中短期大幅上涨进入高位区后，由于多空分歧的加剧，往往会出现宽幅震荡走势，这种状况会持续较长时间，但是，随着震荡的持续，多空分歧开始趋于缓和，这时的上下震荡幅度就会明显收窄，这也是股价方向选择前的一次"蓄势"。如果在震荡收窄过程中，出现了成交量的大幅缩减且股价重心缓缓下移，这是空方力量开始占据优势且开始主动抛售的信号，预示着向下的破位走势或将出现，是风险的警示。

图 17-9 为汉钟精机 2017 年 3 月至 9 月走势图，个股在高位区先是宽幅震荡，随后波动幅度收窄，且在收窄过程中可以看到股价重心的缓慢下移、量能的大幅萎缩，这正是破位前的提示信号，持股者应及时卖出。

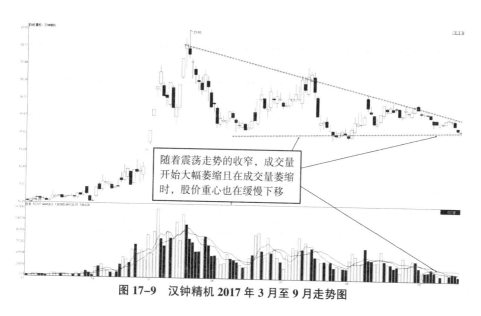

图 17-9　汉钟精机 2017 年 3 月至 9 月走势图

# 17.9　启动前的缩量蓄势

很多中短线强势股，在强势启动前，往往会有一个缩量蓄势的过程。这个缩量蓄势区域多位于中短线大幅下跌后的低位区，因为这样的位置区为个股随后上攻预留了充足的空间。缩量蓄势过程的量价配合常表现为这种形式：股价重心缓缓攀升（或是横向的强势整理），且持续时间相对较长（多在半个月以上），期间的上下震荡幅度很小，量能整体上保持一种明显的相对缩量状态，没有明显的脉冲式放量。

对于这种量价关系，我们可以这样理解：缓缓回升（或是强势整理）走势代表着多方开始占优势；成交量始终保持在相对缩量状态下代表买盘的入场力度较为缓和，而这正是一个不断积蓄能量的过程，随着交易的持续，多方力量也将越来越强。因而，当这种量价形态出现在中短线低位区时，一方面由于它具有上涨含义，另一方面由于中短线反弹上涨空间较为充足，往往会催生出一个上涨波段，因而，缩量蓄势过程是一个较好的中短线布局时机。

图 17-10 为鄂尔多斯 2017 年 4 月至 7 月走势图，个股在深幅下跌之后，于低位区开始企稳回升，回升速度很慢，期间波动幅度较小，成交量处于明显的缩量状态，这正是低位区的"缩量蓄势"形态，可以看作是多方力量缓缓增强、不断积蓄能量的一个过程，也是个股突破启动前的一个过渡阶段，操作中，可以逢股价震荡回调时买入布局。

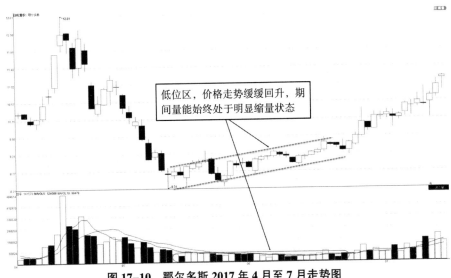

低位区，价格走势缓缓回升，期间量能始终处于明显缩量状态

**图 17-10　鄂尔多斯 2017 年 4 月至 7 月走势图**

图 17-11 为凌钢股份 2017 年 1 月至 7 月走势图，个股在中短期跌幅较大的位置点开始企稳，价格走势为相对强势的横向整理，期间成交量大幅萎缩，这是价格走势或将反转上攻的信号，操作中，可以适当布局，当个股有效突破时，则可加仓跟进。

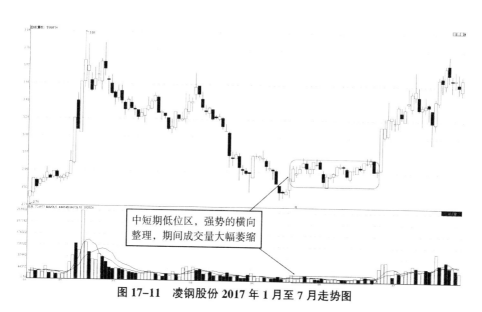

中短期低位区，强势的横向整理，期间成交量大幅萎缩

图 17-11 凌钢股份 2017 年 1 月至 7 月走势图

## 17.10 高点巨量的快速递减

个股在一波快速上涨走势放出巨量，随后的短线高点，价格走势出现横向震荡（或小幅回调），在横向震荡（或小幅回调）过程中，成交量由原来的巨量状态快速递减，此时可以看到 5 日均量线呈 45 度角向下运行，这就是高点巨量的快速递减形态。

快速上涨时放出巨量，这表明多空交锋激烈，正是巨量涌入的买盘资金支撑了个股的上涨、站于高点，若个股想要在调整后重拾攻势，则活跃的成交量是一个关键因素，而"高点巨量的快速递减"可以看作是买盘入场力度快速减弱的标志，多预示着短期上攻行情的结束，持股者应逢盘中反弹上涨之机卖出离场。

图 17-12 为瑞斯康达 2017 年 8 月至 11 月走势图，个股的短线上涨虽然有两个涨停板作为支撑，但过大的量能表明上攻时的抛压较重，随后的成交量快速递减则是买盘入场力度快速减弱的信号，预示着上攻行情已然结束，在看到这样的量价形态后，及时逢盘中反弹卖出离场是较为稳妥的策略。

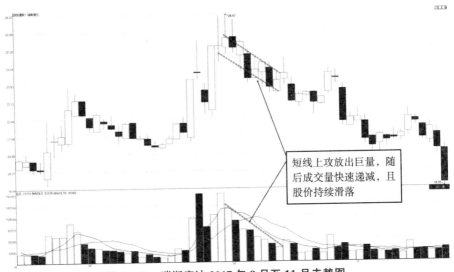

短线上攻放出巨量，随后成交量快速递减，且股价持续滑落

图 17-12　瑞斯康达 2017 年 8 月至 11 月走势图

图 17-13 为珠海港 2017 年 4 月至 7 月走势图，个股在巨量上攻之后呈横向震荡整理状，此时的量能快速递减标志着买盘不足，个股难以再度突破上行，持股者应逢震荡反弹，股价回探近期高点时及时卖出离场。

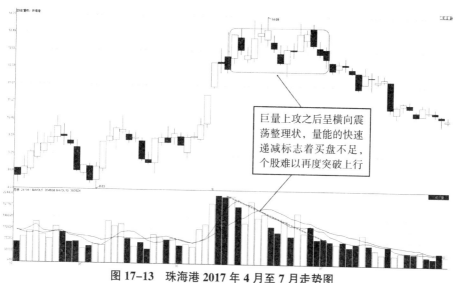

巨量上攻之后呈横向震荡整理状，量能的快速递减标志着买盘不足，个股难以再度突破上行

图 17-13 珠海港 2017 年 4 月至 7 月走势图

# 17.11 缩量式重心缓缓下移

缩量式重心缓缓下移是指价格波动幅度较小，呈小幅度整理形态，但股价重心有缓缓下降的趋向，期间的成交量处于相对缩量水平。

这样一种常见的量价组合形态，常出现在高位区的整理走势中或是下跌途中企稳走势中，它表明随着震荡整理的持续，买盘入场力度较弱，空方力量开始渐渐占据上风，是价格走势将要破位下行的信号。

图 17-14 为北大医药 2016 年 4 月 19 日至 2017 年 5 月 11 日走势图，在相对高位区，个股起初的上下震荡幅度较大，股价重心呈横向波动状态，但随后的价格波动方式出现了变化，在图中标注的时间段内，可以看到，价格波动明显趋窄且股价重心呈缓缓下移状，期间的成交量也处于相对萎缩状态，这就是"缩量式重心缓缓下移"的量价组合形态，预示着随后破位走势的出现，是风险的信号，中短线操作上，应卖股离场。

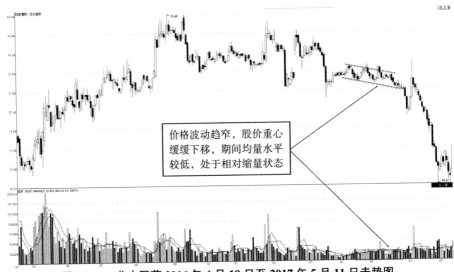

价格波动趋窄，股价重心缓缓下移，期间均量水平较低，处于相对缩量状态

**图 17-14　北大医药 2016 年 4 月 19 日至 2017 年 5 月 11 日走势图**

— 下篇　推演式分析案例追踪 —

# 第18章 案例1逆市巨量突破

## 18.1 图示形态

图 18-1 为中航电子 2016 年 4 月 20 日分时图，图中叠加了当日的上证指数走势，个股当日涨幅较大，盘中虽有回落，但尾盘的大涨使其尤为突出，因为个股当日的大涨是建立在股市大幅下跌背景下的。

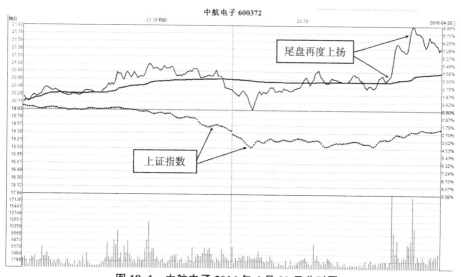

图 18-1 中航电子 2016 年 4 月 20 日分时图

图 18-2 为此股的日 K 线图，2016 年 4 月 20 日收于巨量大阳线，K 线形态上呈突破低位整理区状。综合这两图来看，个股的低位区突破形态良好，当日（2016 年 4 月 20 日）突破又是一种放出巨量型的逆市走强格局，似乎彰显了此股的短期强势特征，那么，这是否是一波上攻行情开始的信号呢？短线操作上，是否应追涨买入呢？

图 18-2　中航电子 2015 年 7 月 20 日至 2016 年 4 月 20 日走势图

## 18.2　问题思考

思考 1：如何通过叠加指数分时的方式分析个股运行？

思考 2：K 线上的突破形态是否是一波上攻行情展开的信号？

思考 3：逆市大涨的个股多有主力资金参与，或是符合市场热点，这种逆市上扬可以作为短线追涨机会吗？

思考 4：在指数大跌的背景下，选择这类逆市型强势股是否是好的策略？

思考5：如何结合大盘来把握逆市股回落过程中出现的买入点？

仅仅凭着一个分时图及其逆市上涨的特征是难以给出可靠结论的，带着以上问题，我们将进一步展开并最终得出结论。

## 18.3　推演式分析流程

（1）我们来看看分时图。通过第一篇基础知识及第二篇的实战形态，我们知道，强势型的分时图在盘中运行时，一般不会跌破均价线甚至在回落时都不会触及均价线，始终会与均价线保持一定距离。

但是，若指数盘中跳水幅度较大，则可适当放宽条件，但对于此股来说，如图18-1所示，午盘前后，个股分时线跟随指数跳水并向下大幅跌破了均价线，这是由强转弱的信号，表明多方力量的推升在指数跳水背景下显得无能无力。虽然尾盘阶段再度上扬并创出新高，但尾盘阶段的拉升并不是强势股突破盘整区的可靠信号，真正的强势突破多出现在早盘阶段。

此股在早盘时也有独立的上涨，此时的指数并未跳水，但在盘中小幅上涨后，向下黏合并小幅度跌破了均价线，可以说，早盘的上攻力度并不强势。

综上几点，仅仅从分时图来看，这不是一个强势突破的形态，不能反映出主力资金的优势局面，尾盘的上扬更不是可靠的突破信号，因而，在操作上，应趋于保守，而不是激进。

（2）从日K线图来看，如图18-2所示，当日放量幅度过大，远远高于之前的均量水平，创出了半年左右的新高。对于这种量价突破形态，它的放量效果很难持续，因而，更有可能转变为脉冲式的单日"凸量"形态。

通过第二篇的实战形态可知，脉冲式放量上涨多于短线见顶信号，它既是个股在短线高点抛压较重的信号，也是多方力量可能短线释放过度的标志，因而，若量能放大效果无法持续，则表明后续买盘资金不足，易出现大幅回落，在交易上，常作为我们短线卖股的信号。而且，从图18-2可见，此股次日大幅低开，这表明其2016年4月20日的逆市大涨很可能只是偶然波动，并不具有持续性。

在操作上，如果我们于2016年4月20日追涨买入了，则次日出现的大幅低开就是一个明确的止损离场信号，结合个股表现来看，次日有盘中小幅冲高，应果断卖出。

交易上，我们的操作策略是，不要在市场大跌时买入逆市上涨股，虽然有一些个股可能会出现逆市上攻行情，但这类个股毕竟只是极少数，而且往往有题材推动。因为当日逆市上涨的个股，由于消耗了较多的买盘力量，随后出现补跌的概率极大，追涨风险大，获利概率低。对于持股者来说，也不要因为逆市上涨了，就抱有过高期望，应结合量能缩放来分析，若发现其缺乏连续上攻潜力，在大盘跳水的背景下，短线上应及时减仓甚至清仓离场。

（3）个股的走势离不开大盘，在大盘走势相对稳健时，我们可以把重点放在个股的独立表现上，但是，当市场波动加剧时，则应以大盘为参照，对比分析，这样才能更好地把握机会。中航电子2016年4月20日的逆市上涨虽然不是追涨信号，但却是一个明显的低位异动，它提示我们：一旦大盘企稳，而个股回调又较为充分时，则此股的短线上攻潜力或更加突破，值得进行布局。秉持这一思路，我们继续分析个股的运行。

图18-3为上证指数2016年2月22日至5月19日走势图，图中标注了几个时间点，这也是随后分析个股走势图的参照点。

（4）时间继续推进，如图18-4所示，对照图18-3可以发现，2016年4月20日的逆市上涨之后，个股连续几日都是弱于指数，这表明短期内个股由强转弱，指数在4月20日放量破位后，仍有可能进一步下跌，在未看到明显信号时，短线不宜抄底入场，而且，此时的回调幅度也很小。

时间推进到2016年4月26日，当日的量价形态值得关注，从图18-4中可见，当日呈放量下跌状。图18-5为当日分时图，在指数盘中运行稳健情况下，个股却独自放量跳水，尾盘虽有回升，但回升时无量，表明空方抛压依旧沉重，短期内仍不是最佳的抄底时机。仍应继续观察，等待时机。

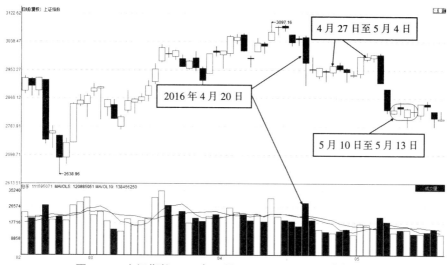

图 18-3 上证指数 2016 年 2 月 22 日至 5 月 19 日走势图

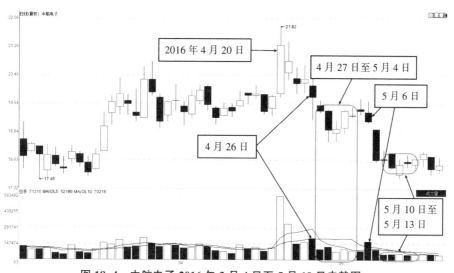

图 18-4 中航电子 2016 年 3 月 4 日至 5 月 19 日走势图

时间推进到 2016 年 4 月 27 至 5 月 4 日，这几日的个股走势弱于同期大盘（对照图 18-3），虽然量能有所萎缩，但这种弱于大盘的缩量整理并不是入场信号。

时间推进到 2016 年 5 月 6 日，受大盘再度跳水带动，个股当日放量下跌。

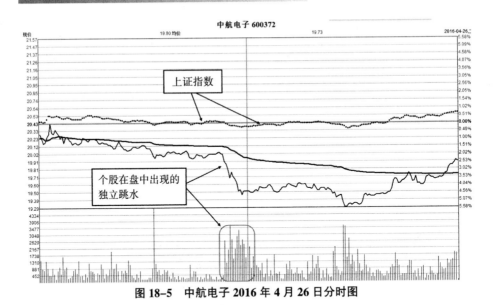

**图18-5 中航电子2016年4月26日分时图**

由于近期走势弱于大盘，而大盘又接连跳水，持币观察仍是最好的选择。

时间推进到5月10日之后，对照图18-4和图18-3，可以看到，个股与大盘都开始短期企稳，个股的运行也不再弱势大盘，此时的缩量整理出现在短期大跌之后，有大盘企稳支撑，可以适当建仓、短线买入，但应控制好仓位，因为个股并没有发出明确的入场信号，而且，当前的市场不具备强力反弹的触发因素。

（5）大盘走势明显企稳，个股也进入到了低位企稳平台。图18-6标示了此股2016年4月18日至6月27日走势图，这里面有几个时间点值得关注。

5月30日，当日盘中小幅下跌，股价位于整理区低点，在原有缩量的基础上，成交量再度减半，这是一个极度缩量点，一般来说，在低位区出现这种极度缩量点，是市场浮筹大减、主力控盘能力增强的信号。因而，这是一个中短线入场信号。

6月1日，处于整理平台的相对高点，当日收于十字星，但量能相对放大，表明平台区仍有一定抛压阻挡个股上涨。因而，此时不宜重仓入场，如果怕错失机会，则可先少量入场，等再度回落至平台低点时，才是更为理想

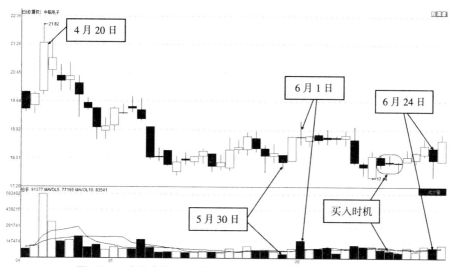

图18-6　中航电子2016年4月18日至6月27日走势图

的中短线布局时机。

随后，股价小幅回落，如图中标注的"买入时机"，这三个交易日在缩量的背景下，量能逐级递减，这就是一个明确的短线入场信号了，它表明空方抛压几近消失，只要大盘不出现深幅跳水，个股的短线上涨随时有可能展开。

2016年6月24日的盘中宽幅震荡且缩量形态，再度证明了此位置区的抛压较轻，一般来说，盘中的宽幅震荡，无论是在高位区，还是低位区，都是多空分歧较为激烈的标志，一般会引发放量，如果低位区的这种形态出现当日呈缩量状，表明市场上的抛压是十分轻的，是对其他买入信号的一种验证，但其本身并不是触发买入交易的唯一信号。

（6）此股随后展开了一波突破上涨，但也并不是大级别的上攻行情，对于交易者来说，我们分析的是短线走势，个股能否出现大级别的行情，并不在预期之中，那么，此股在随后的短线高点又是如何向我们发出卖股信号的呢？这是下一节的内容。

# 18.4　分析总结

指数大跌背景下，个股却实现上涨突破，这种逆市股的突破走势往往暗含风险。但个股的逆市突破却给了我们关注的理由，这样的个股在大盘充分回调并企稳后，短线上攻潜力或将更大。

K线形态上的低位整理区突破并不是我们买入的理由，脉冲式的放量大阳线多表明这种突破将无功而返。在把握短线回落时的买入点时，若指数同期波动幅度加大，则应更多地关注指数运行，将个股走势与指数走势对比、联系起来，当指数企稳后，以个股盘面上所出现的量价信号为触发，实施短线买入，成功率更高。

# 第19章　追踪滞涨式放量

## 19.1　图示形态

图19-1为中航电子2016年4月19日至7月14日走势图，承接上一章的走势，个股在一波上涨走势后，出现了横向整理，期间成交量明显高于前期低位区的均量水平，这属于涨式放量形态，这个放量的横向整理区实盘意义重大，它决定着我们是应短线获利了结，抑或是持股待涨。

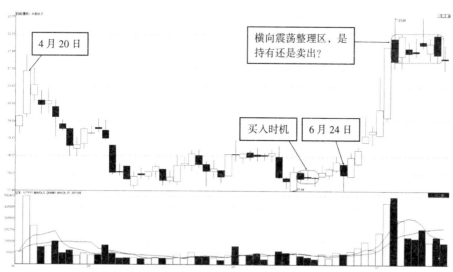

图19-1　中航电子2016年4月19日至7月14日走势图

# 19.2 问题思考

思考 1：低位区突破上攻后的第一个横向整理区，应持股待涨吗？

思考 2：中短线交易中，K 线模式更重要，还是量价形态更重要？

思考 3：横向整理过程中的放量是上涨信号，还是下跌信号？

思考 4：如何更好地利用叠加走势图的方法判断个股短期运行的强弱性？

# 19.3 推演式分析流程

（1）低位区的突破上攻形态出现后，仅从 K 线模式来看，这似乎是趋势反转上行的信号，因为它突破了中长期的阻力位，打开了上升空间。但是，我们应该明确知道，K 线形态虽然有一定的实战意义，可以发出买卖信号，但这要取决于良好的量能配合，当量价配合不够理想甚至出现反向信号时，仍要以量价形态为核心，毕竟，量价形态分析方法兼顾了更多的盘面信息，也能更好地反映多空力量对比格局的变化。

（2）在短线上涨后的高点，个股出现横向整理，这是一种极为常见的价格走势。对于这种横向整理走势，我们的分析思路主要有两点：一是结合整理区的量能情况；二是结合同期的大盘指数。

对于整理区的量能，整理走势代表着多空交锋趋于缓和，如果个股随后走势看涨，此整理区的抛压应该较轻，以"相对缩量"为良好的配合方式。所谓的"相对缩量"有两层含义：一是整理区的成交量相对于之前的上涨波段出现了明显缩减；二是相对于突破前的低位区量能也没有明显地放大。

如果整理区未出现这种相对缩量状态，则可以称之为放量滞涨。"放量滞涨"代表着中短期内的市场抛压较重，一般来说，它是弱于同期市场运行的，为了验证这一结论，我们可以叠加同期的大盘指数。

结合以上两点思路，我们就可以更好地分析中航电子的走势了。图 19-2 为中航电子 2016 年 4 月 19 日至 7 月 14 日走势图，与图 19-1 不同，本图叠加了同期的上证指数，对比可以看到，在这个整理区间内，个股走势明显弱于同期大盘，且期间的成交量也明显高于突破上攻前的低位区均量水平，这就是一个典型的放量滞涨形态，它表明此位置区抛压重、多方推动力度弱，是价格走势将要回落的信号，操作上应卖出。

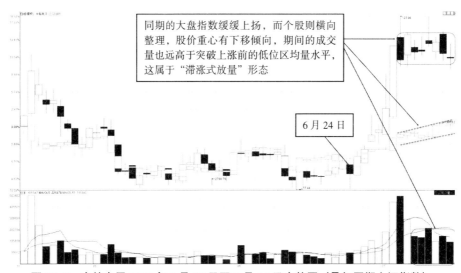

**图 19-2　中航电子 2016 年 4 月 19 日至 7 月 14 日走势图（叠加同期上证指数）**

# 19.4　分析总结

滞涨式放量形态出现在短线高点时，它所发出的卖出信号常会引起投资者的注意，但是，当个股短线涨幅很小、没有明显的突破上攻波段时，出现的这种滞涨式放量形态常被投资者忽略，特别是当其出现在长期低位整理区时，殊不知，这其实也是一个危险的信号，因此时的滞涨式放量多预示着个股将跌破当前的这个长期整理平台，是趋势将要继续下行的信号。投资者如果不了解这种量价形态，往往就会误将其当成是突破启动前的一次"放量蓄势"，对价格走势做出完全相反的判断。

# 第 20 章　案例 2 低点缩量跳水 缩量收复

## 20.1　图示形态

图 20-1 为继峰股份 2016 年 11 月 4 日至 2017 年 2 月 3 日走势图，如图中标注，在中短线已持续下跌的背景下，个股于 2017 年 1 月 16 日再度收于大阴线，当日虽然创出阶段新低且加速了下跌走势，但是当日的成交量却明

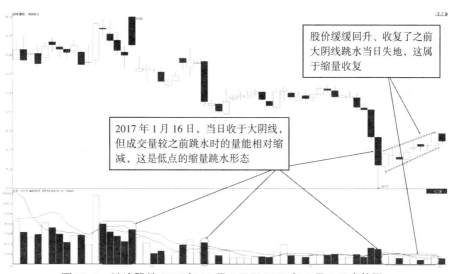

股价缓缓回升、收复了之前大阴线跳水当日失地，这属于缩量收复

2017 年 1 月 16 日，当日收于大阴线，但成交量较之前跳水时的量能相对缩减，这是低点的缩量跳水形态

图 20-1　继峰股份 2016 年 11 月 4 日至 2017 年 2 月 3 日走势图

显小于之前跳水时的量能，这属于"低点缩量跳水"形态。随后，价格走势开始企稳回升，在连续小阳线、小阴线的缓慢回升中，个股一直保持着相对缩量的状态，以缩量的方式收复了之前跳水长阴线的失地。这就构成了一个"低点缩量跳水+缩量收复失地"的组合形态。

# 20.2　问题思考

思考1：相对缩量型的跳水形态，在很多时候也是空方力量未充分释放的标志，如何把这种缩量跳水与预示着阶段性底部的缩量跳水区分开来？

思考2：缩量跳水之后出现的短暂企稳走势中，宜第一时间抄底入场吗？

思考3：如何结合同期大盘走势来把握缩量跳水与缩量回升所蕴含的多空信息？

思考4：缩量收复之后，如何结合个股的走势特征，来决定中短线卖出时机？

# 20.3　推演式分析流程

（1）在盘整之后的破位走势刚刚展开时，此时出现的缩量跳水是风险的标志，因为在卖盘未大量抛出的背景下就向下破位，这表明空方占据了完全主导地位，个股短线仍有下跌空间。但是，在中线已累计跌幅较大、短线跌幅较深的位置点，此时再度出现的缩量跳水则可以视作空方抛压大量减少的信号，一般来说，多缘于少量恐慌性抛盘所导致的跳水，常常预示着阶段性底部将出现。因而，在判断个股的缩量跳水大阴线是否预示着阶段性底部时，我们可以结合它的中短线走势来分析，如果个股短线跌幅较大、中线回落空间较为充分，则此时缩量跳水后的短线风险不大。

（2）缩量跳水之后出现的短暂企稳走势中，一般来说并不适宜马上抄底入场，一是因为个股的缩量跳水往往与大盘的系统性下跌有关，如果大盘继续下行，则个股的缩量跳水技术形态实战意义并不突出。二是一些个股的短线跌幅往往会大大超出我们的预料，缩量跳水之后可能还会再度放量跳水，市场恐慌盘的抛售力度往往与短线下跌幅度与速度成正比，过早抄底入场，风险还是比较大的。实盘操作中，如果在个股缩量跳水之后，市场有企稳迹象，此时可以少量仓位抄底入场，等随后明显企稳后再加仓入场，这样既能有效地降低持仓成本，也能较好地控制短线风险。

（3）缩量跳水形态的出现，多是缘于同期大盘震荡所致，如果是因个股利空消息导致的，则这种缩量跳水并不适宜作为短线抄底信号；在缩量跳水之前，个股的短期走势最好是明显弱于同期大盘，这样个股的短线调整才能到位，短线风险也得到了较充分的释放；而随后的缩量回升走势波段，个股的运行则不能弱于同期大盘，因为此时的缩量回升代表着多方力量的转强，是多空力量对比格局发生改变的信号，一般来说，这一波缩量回升的幅度与力度以同步于大市为宜。

（4）一般来说，由于个股的短线上涨速度较慢、幅度较小，只要大盘不出深幅调整，个股很难出现二次探底走势，因而，在缩量回升并收复大阴线所形成的跳水失地后，可以结合盘中震荡逢低入场。

但是，收复大阴线失地后，若个股的短线走势不能呈现强势特征，股价不能快速脱离成本区，多预示着缩量收复走势只是一种被动地跟随大盘反弹，个股的短线上攻行情出现概率大大下降，短线操作上，宜减仓或清仓离场。

（5）图 20-2 为继峰股份 2016 年 12 月 12 日至 2017 年 3 月 13 日走势图，图中叠加了同期的上证指数，对比可见，在个股缩量回升收复大阴线失地过程中，同期的指数也缓缓回升，个股的这一波回升走势与指数几乎同步，只是其缩量特征引起了我们的注意，也彰显了市场抛压轻的特征。在识别出这种形态后，可以短线买入，随后，个股的走势明显呈强势特征，在没有明确的离场信号前，可以耐心持股待涨。

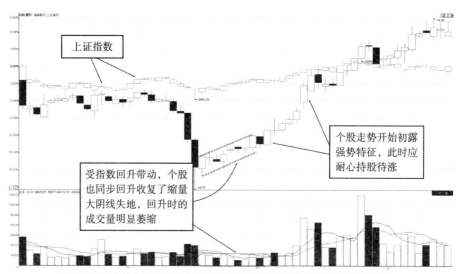

上证指数

受指数回升带动，个股也同步回升收复了缩量大阴线失地，回升时的成交量明显萎缩

个股走势开始初露强势特征，此时应耐心持股待涨

图 20-2　继峰股份 2016 年 12 月 12 日至 2017 年 3 月 13 日走势图

（6）这种组合形态如果不细心查看，往往很难发现，下面我们再结合一个案例加以深化。图 20-3 为神思电子 2017 年 11 月 29 日至 2018 年 2 月 28 日走势图，如图中标注，个股在 2018 年 2 月 6 日之后，也出现了"低点缩

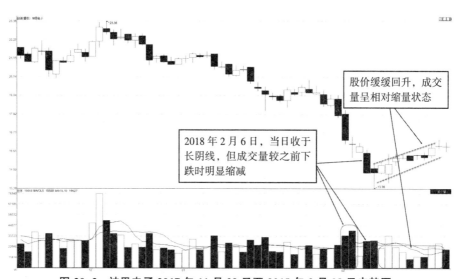

股价缓缓回升，成交量呈相对缩量状态

2018 年 2 月 6 日，当日收于长阴线，但成交量较之前下跌时明显缩减

图 20-3　神思电子 2017 年 11 月 29 日至 2018 年 2 月 28 日走势图

量跳水+缩量收复失地"的组合形态，这同样是一个中短线入场信号，操作中，在识别出这种组合形态后，可以择机入场。

# 20.4　分析总结

从本章讲解的量价组合形态可以看到，缩量同样具有较强的实战含义，而且，在缩量时入场，可以避免短线追高的风险，更好地控制持仓成本。但是，缩量虽然蕴含着机会，但很多个股的缩量却仅仅只是成交清淡的标志，是个股不被市场关注的信号，在短线交易中，我们应尽量规避这类品种。一个较好的方法就是：在缩量买股之后，若个股阶段性走势明显不强于大盘甚至弱于市场，则应卖出，因为这类个股所出现的缩量并非缘于主力控盘能力强、市场抛压轻，仅仅是随波逐流、市场忽视的结果。

# 第 21 章　追踪 1 极窄式缩量整理

## 21.1　图示形态

图 21-1 为继峰股份 2017 年 1 月 12 日至 5 月 18 日走势图，当日的盘中上冲使得突破了窄幅整理区，个股前期涨势独立，这是新一轮上攻行情开始的信号吗？对于此股的走势预测，我们要先理解"极窄式整理缩理"这种量价形态。

"极窄式整理"是一种特殊的 K 线走势形态，日 K 线图上，个股在横向运行过程中，几乎每个交易日的盘中波动幅度都很小，实体短、影线短，完全不受大盘波动的影响，盘口独立运行特征鲜明。

图 21-1 标示了极窄式整理运行形态，对比同期大盘指数可见，极窄式整理形态独立于大盘，这是 K 线图上的异动，且期间呈现为缩量，这就是本节将要讲到的"极窄式缩量整理"形态，如果理解与把握它呢？

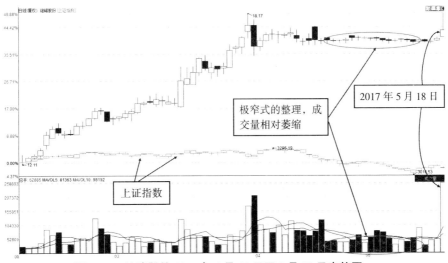

图 21-1 继峰股份 2017 年 1 月 12 日至 5 月 18 日走势图

# 21.2 问题思考

思考 1：极窄式整理形态明显独立于大盘，如何理解这种走势？

思考 2：如果大盘同期下跌，则它就是逆市抗跌，可以视作强势股吗？

思考 3：这种走势打破了个股波动的节奏且量能缩减，它意味着主力的强力控盘吗？

思考 4：极窄式缩量整理出现在主力控盘的哪个环节呢？是中继整理，还是出货环节？

# 21.3  推演式分析流程

（1）极窄式缩量整理的形态出现在大涨之后的高位区，这是这种量价形态常出现的位置区间：累计涨幅较大的高位区。由于前期的上涨幅度较大，从整体走势来看，降低了个股后期上涨的潜力，风险与预期收益并不成正比，但由于走势上的独立、稳健特性，虽然对短线投资者没有吸引力，但对中长线持股者来说，有一定的吸引力。

（2）对照图 21-1 中叠加的上证指数，极窄式整理过程中，指数持续下行，个股逆市抗跌特征鲜明，但逆市抗跌并不代表后期将要上涨，股市中有所谓的"补跌"效应。

"补跌"是指某段时间内，个股在同类股或大盘指数持续下行的背景下，却能够逆市不跌甚至震荡攀升，这是逆市走强；随后的某个时间点，个股突然走弱并开始下跌，但同期的同类股或指数却明显企稳，这就是"补跌"。

（3）当逆市抗跌形态预示着机会时，它常出现在一轮行情的突破启动点，而且，逆市抗跌的表现方式多为突破点的上下震荡：个股刚刚展开突破上攻就遇到大盘下跌，从而导致个股逆市震荡，而不是窄幅整理。

我们可以假设有主力从中积极运作（虽然这一假设未必准确，但我们也可以结合个股走势及时调整假设），毕竟个股的独立上涨与逆市整理，均不是散户交易能形成的结果，这可以为我们继续分析拓宽思路，有的时候，仅仅看到多空交锋，而不考虑多空双方的具体构成是有失全面的。

逆市型的窄幅整理虽然反映了市场浮筹较少、主力控盘能力较强，但由于此时的个股身处高位区，结合主力控盘流程所涉及"建仓""拉升""洗盘""出货"几个环节来看，前三个环节均不符合，特别是洗盘环节，逆市型的窄幅整理形态又能洗掉多少浮筹呢？综合来看，出货是最有可能的。

（4）极窄幅度的整理表明散户参与力度并不大，主力持筹数量往往较多，在大盘下跌时选择出货，显然并不明智，因为投资者多有着"买涨不买跌"的习惯，当个股步入跌势，除非中短线跌幅较大，才能引发抄底盘入场，否则的话，市场观望情绪还是非常浓重的，这也是"跌时无量"的原因所在。

基于这样的分析，"逆市整理"就更好理解了，抗跌走势很可能是短暂的，一旦大盘走势企稳，个股出现补跌的概率更大，而补跌原因就是主力资金的出货行为。

（5）一般来说，为了可以更好地吸引短线跟风盘入场，这类个股在补跌破位前，往往还有一个短促的突破上冲，且有量能的大幅放出。这种"放量突破"形态有一定的迷惑性，特别是对于股市中的技术分析派来说，如果浮于形态表面，很可能错误地追涨买入，实盘操作中，我们一定要规避好这类技术面上的"诱多"陷阱。

（6）极窄式的独立波动并不一定都是横向的整理，它还可以体现为股价重心的缓缓上升或下降，但市场含义不变，即使当这种形态出现在中短线跌幅较大的位置点时，它依然象征着风险，中短线不宜买入，下面我们结合两个案例来看看。

图 21-2 为创维数字 2016 年 6 月至 2017 年 1 月走势图，在图中标注的位置区，个股期间每个交易日的波动幅度都比较小，股价重心在缓缓下降，但同期的大盘指数却在攀升，这属于逆市下跌型的极窄式波动形态，表明入场买盘力量匮乏，个股的下跌趋势仍将持续下去，持股者应及时卖出离场。

图 21-3 为银河生物 2016 年 11 月至 2017 年 5 月走势图，在中短线跌幅极大的背景下，出现了极窄式缩量整理，表明市场参与此股的力度很小，一般来说，这类个股即使进入低位区，反弹空间也不大，并不是中短线操作的品种。

值得注意的是，随后出现的一根放量大阳线，这根放量大阳线与继峰股份 2017 年 5 月 18 日的大阳线形态较为相似，由于在低位区，它虽然并没有引发新一轮破位行情，但仍旧引发了个股的短线回落，如果贸然追涨，将会短线被套。

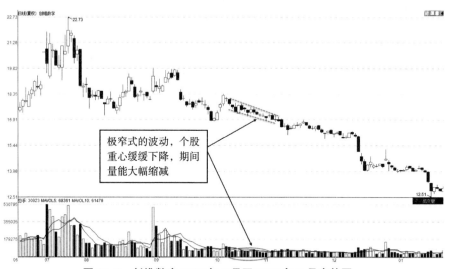

**图 21-2 创维数字 2016 年 6 月至 2017 年 1 月走势图**

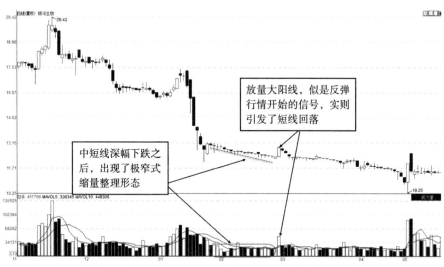

**图 21-3 银河生物 2016 年 11 月至 2017 年 5 月走势图**

# 21.4　分析总结

对于极窄式缩量形态来说，无论它出现在高位整理区，还是震荡下跌途中的低位区，一般都是风险的信号，即使期间出现了突破向上的大阳线，但这也多是个股昙花一现的上涨，而且，大阳线的出现常会使得个股随后加速下跌，甚至破位下行，在实盘操作中，笔者在尽量规避此类形态的个股。

# 第 22 章　追踪 2 盘口放量直线跃动类

## 22.1　图示形态

图 22-1 为继峰股份 2017 年 5 月 18 日分时图，在图中右侧标注的时间段内，可以看到，股价直线一般的上蹿下跳，且期间的分时量大幅放出，日 K 线图显示，当日也明显放量。这是一种较为典型的盘口量价形态，依据其

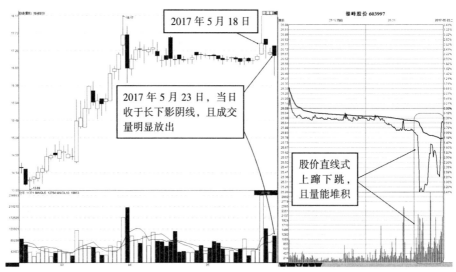

图 22-1　继峰股份 2017 年 5 月 18 日分时图

形态特征，可以将其称之为"盘口放量直线跃动"。盘口放量式直线跃动是一类盘口形态，有的是上下直线跃动，有的是水平直线跃动，本章中，我们以此案例为切入点，来看看这类盘口异动形态的市场含义及实战方法。

## 22.2　问题思考

思考1：盘口直线式的上窜下跳且堆积量能，这打破了分时波动的连续性，一般不是市场散单交投的结果，我们可以认为个股潜伏着持有筹码数量较多的主力资金，那么，主力的意图又是什么呢？

思考2：当日的成交量也明显放大，这是多空交锋激烈的结果，它是否是个股将做出方向选择的信号呢？

思考3：还有哪些盘口形态与之相似，遇到了这类盘口形态的个股，我们应如何操作呢？

## 22.3　推演式分析流程

（1）这种盘口形态可以说极具代表性，虽然它只在极少的个股分时图中出现，但它蕴含的市场信息是较为明确的，因为，盘口极不连续分时运行，伴以股价的大幅波动，这充分表明了中小散户投资者参与程度极低，个股的走势受到主力资金较强的影响。

（2）分时量的放出、伴以日K线图上明显的放量，这是多空交锋激烈的标志，一旦多空分歧加剧，也预示着交锋结果将出现，特别是在长期整理之后，这可以看作是个股将做出方向选择的信号。

（3）通过上面的分析，再结合"极窄式缩量整理"形态所蕴含的下跌信息，我们可以做出判断，个股或将结束原有的高位平台窄幅整理走势、步入下行空间，此时，应及时卖股离场以规避风险。

（4）这种盘口形态只是同类盘口形态中的一个代表，除此之外，还有很多具体的表现方式，例如，在盘口中出现大幅度的 V 形（盘中上涨时）或倒 V 形（盘中下跌时）波动，且当日伴以放量；盘中出现类似于水平线的"一"字放量形态；盘中出现上下跳动极为规则的放量波动形态等。这些盘口形态的出现都有两个共同特征：一是盘中的放量较为显著；二是个股的波动形态极不"自然"，与多空正常交投下，受市场波动影响的分时形态完全脱节。下面我们结合几个具体案例来看看一些同类的盘口形态。

图 22-2 为秦安股份 2017 年 11 月 28 日分时图，个股早盘的分时运行十分"怪异"，股价几乎是以水平线的方式直线运行，水平运行有两种可能，一是因为盘中成交极为稀少，甚至在某段时间出现零成交，这是市场交投极度不活跃的标志；二是市场交投活跃，成交量明显放大，如果查看分时成交量可以看到大笔买卖频繁成交。

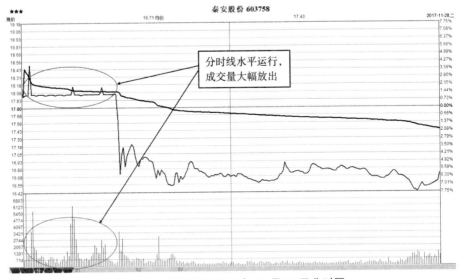

图 22-2　秦安股份 2017 年 11 月 28 日分时图

　　此股就属于第二种情况，如果查看当时的买卖盘窗口，可以看到"上压下托"的挂单情况，上面压单价位与下面托单价位相邻，每当大买单吃掉了上面的大压单，就会出新的压单，而且仍是这个委卖价，给人的盘口直观感觉就是：虽然大买单不断吃货，但大卖单却似乎没完没了。一些投资者想当然地认为这是老主力出局、新主力入场的信号，殊不知，这是一个严重的误判。

　　这种盘口形态也称为"一字断魂刀"，它可以看作是场内资金出逃的信号，它常见于短线大涨后的高点，也偶见于下跌途中或低位区的突破走势中，无论出现在什么位置点，个股的短线走势都多以急跌为主，是典型的高风险信号。

　　图 22-3 标示了泰安股份 2017 年 5 月 31 日至 12 月 19 日的走势，可以看到，当日（2017 年 11 月 28 日）正处于低位突破后的短线回调点，可以说，从日 K 线图来看，个股的短线下跌倾向并不强烈，如果我们看不懂当日的分时图量价配合形态（"一字断魂刀"形态），就很难规避随后的短线暴跌风险。

**图 22-3　秦安股份 2017 年 5 月 31 日至 12 月 19 日走势图**

图 22-4 为道森股份 2017 年 3 月 16 日分时图，当日分时图是"盘口放量直线跃动类"的另一种表现形式，即股价在盘中呈大幅度的 V 形特征且分时量明显放大。这种盘口形态常见于短线大涨后的高点，也可以看作是场内资金出逃的信号之一，持股者应及时卖出以规避随后极有可能出现的短线暴跌风险。

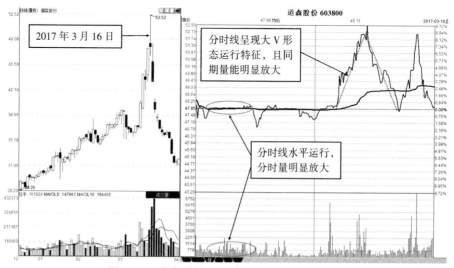

**图 22-4　道森股份 2017 年 3 月 16 日分时图**

图 22-5 为三圣股份 2018 年 3 月 25 日分时图，这是另一种类型的"盘口放量直线跃动"形态，午盘之后，个股以跌停板为支撑，上下大幅度跳动，期间成交量大幅放出，这种盘口形态是短线暴跌走势或将出现的信号，从图中右侧的 K 线走势中可以看到，此分时图出现后，个股连续 4 个交易日均为大幅低开封跌停板，由此可见此分时图所预示的短线下跌力度与速度，是典型的高风险警示信号。

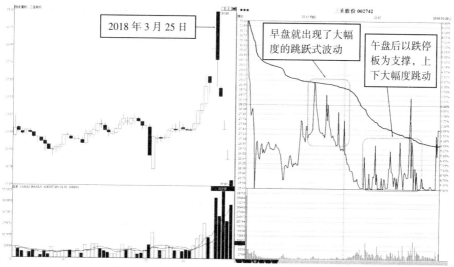

图 22-5 三圣股份 2018 年 3 月 25 日分时图

# 22.4 分析总结

"盘口放量直线跃动类"多预示着短线大幅下跌走势将出现，除了大 V 形波动形态宜逢盘中冲高时卖出外，其余的盘口形态，则应在识别出其形态特征后的第一时间卖出离场，以规避当日盘中就有可能出现的跳水走势。

# 第 23 章　案例 3 逆市整理后缩量突破

## 23.1　图示形态

在前面的章节中，我们讲解了"逆市巨量突破"形态，了解到在没有热点题材支撑的情况下，如果个股出现了逆市突破且放出巨量，多表明市场抛压较重，个股短期内或将再度回调整理，并不适宜第一时间追涨入场。本章中，我们来看另外一种情况，仍然是逆市型的突破上涨，但突破当日的成交量则"相对缩小"。

图 23-1 为信立泰 2017 年 2 月 10 日至 5 月 18 日走势图，图中叠加了同期的上证指数，在图中标注的"时间段 1"中，可以看到，上证指数节节下行，而此股则强势地横向整理，这就是逆市整理（或逆市不跌）形态；随后，2017 年 5 月 16 日，个股以一根长阳线向上突破了这个整理区，当日的成交量虽然略高于之前整理区的均量水平，但却明显小于整理区间上涨交易日的量能水平，这种创新高且量能小于前期上涨日的状态，可以称之为"相对缩量"型的突破。

图 23-2 标示了此股 2017 年 5 月 16 日的分时图，图 23-2 中叠加了当日的上证指数，对比可见，个股的分时运行明显强于指数，在全天运行中，呈节节攀升状。

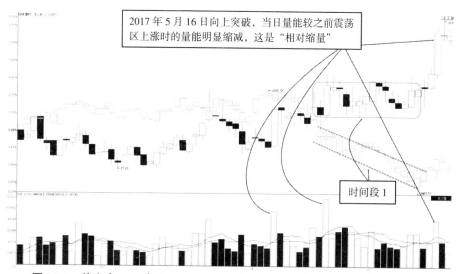

2017年5月16日向上突破，当日量能较之前震荡区上涨时的量能明显缩减，这是"相对缩量"

时间段1

图23-1 信立泰2017年2月10日至5月18日走势图（叠加同期上证指数）

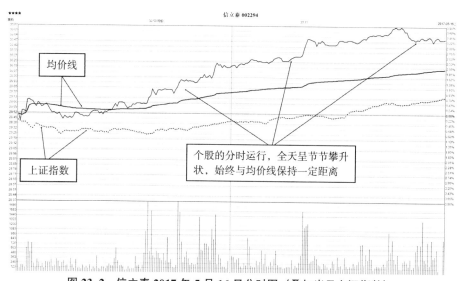

均价线

上证指数

个股的分时运行，全天呈节节攀升状，始终与均价线保持一定距离

图23-2 信立泰2017年5月16日分时图（叠加当日上证指数）

# 23.2 问题思考

思考 1：逆市整理后的突破，蕴含了怎样的市场含义？短线操作上，是否可以看涨、追涨？

思考 2：此量价形态中的"相对缩量"能够给我们哪些提示？它与前面章节中的逆市巨量突破又有哪些不同？

思考 3：逆市缩量突破之后，是否可以从随后的量价配合中寻找多空线索，并验证我们的多空判断，能否对买卖交易起到指导作用？

思考 4：如何通过查看分时图并在叠加指数运行的基础上进一步验证逆市缩量突破的多空信息，并通过分时图线索把握短线时机？

# 23.3 推演式分析流程

（1）我们先来看看如何分析"逆市不跌型的整理走势"，这种走势是个股阶段性强势特征的标志之一，但逆市不跌并不必然预示着随后的突破上攻。一般来说，我们还需要结合个股当前的位置区、逆市整理时的量价形态特征等方面来综合分析。

如果个股前期累计涨幅较大，逆市整理区又是缩量型的窄幅波动形态，这是市场参与度较低的标志，当前之所以能够逆市不跌，多缘于主力资金没有卖出，一旦主力资金有出货意图后，由于市场上的承接资金极度匮乏，往往都会通过打低股价、吸引抄底盘入场的方式才能实现出货的目的。因而可以说，这种类型的逆市整理形态是风险标志。

反之，如果个股当前正处于中长期的低位区间，而且在逆市整理过程中有相对温和的量能放出，这就是一种相对强势的量价形态，它表明个股的抛压较轻且走势独立，多预示着有主力资金积极运作，在市场企稳后，个股有望突破上攻，从市场经验的角度来看，这就是"该跌不跌，理应看涨"。

（2）逆市整理后出现了突破，"突破"走势可以看作是前期逆市不跌这种强势格局的进一步发展，具有较强的上涨信息，是看多信号。但是，突破时的成交量也是我们关注的重点，因为"突破"形态会使得多空分歧明显加剧，交易是双方的，如果放出巨量，虽然代表买盘入场力度较大，但同样也是抛压沉重、市场筹码不稳定的信号，对于这种巨量型的突破，需要持续的放量才能使得上攻行情延续下去；反之，如果是"相对缩量"，则市场含义有所不同，它表明市场获利筹码较为稳定、突破时的抛压较轻，这是多方占据明显优势的标志，一般来说，只要个股不处于明显的高位区，相对缩量型的突破形态可以看作是上涨走势有望延续下去的信号。

（3）依据日K线图上的量价一般能够得出相对准确的结论，但也要提防一些可能出现的"骗线"，所谓的"骗线"，主要是指个股在临近收盘前的一段时间内，股价波动幅度过大、收盘价明显偏离均价线，从而使得日K线形态不能真实有效地反映当天多空力量的交锋情况。因而，在像"突破点"这样的关键点位，我们一定要查看分时图，看看分时形态的多空含义。

（4）在突破位置点，如果个股的突破具有一定的独立性、强势性，则个股的突破行情往往更为可靠，随后的中短线走势强于大市的概率更大。因而，在行情突破当日，查阅个股分时图时，可以叠加当日指数运行，通过对比两者的强弱关系，进一步判断个股突破走势情况。

通过上面的分析，可以得出结论：此股2017年5月16日的相对缩量上涨是一个较为可靠的突破信号，短线可以继续看涨。但个股以大阳线的方式，而不是最为强势的涨停板来实现突破，这表明突破行情相对缓和并不急速，操作上，可以采取分批加仓的策略，既不至踏空行情，又可进一步观察个股随后运行，以便进一步验证我们的判断。

（5）继续跟踪此股2017年5月16日之后的走势，如图23-3所示的标注，随后的三个交易日（5月17日至5月19日），个股强势整理不回落且成交量快速缩减，这种突破点位上的强势缩量整理是市场抛压较轻、多方力量占优的标志，一般来说，它是个股随后继续上涨的一个短暂过渡环节。操作上，如果我们在 5 月 16 日突破时未买股入场的话，这三日的强势缩量整理就是一个较好的中短线入场时机。

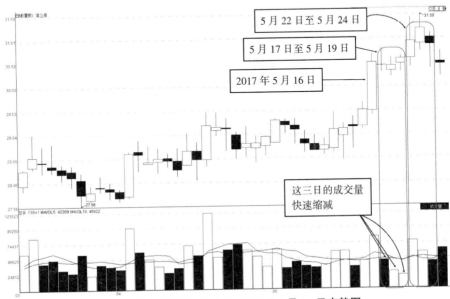

**图 23-3　信立泰 2017 年 3 月 22 日至 5 月 25 日走势图**

随后，5 月 22 日、23 日连续两日均收于阳线，个股继续上涨并创出新高，但是 5 月 24 日却大幅跳空低开且在盘中出现的深幅下探，当日收于长下影阴线，当日的这个宽幅震荡的阴线形态打破了个股良好的上攻势头，我们分析原因后再做决定，是抛压突然增强，突破行情遇阻？还是受市场震荡所致？抑或是个股有利空消息出现？

（6）结合当时的情形来看，个股 5 月 24 日的低开收阴形态是缘于市场震荡，图 23-4 标示了上证指数当日的分时运行情况，结合指数的走势来分析，个股 5 月 22 日、23 日的连续突破上行具有较强的逆市性，这也彰显了其短线上攻力度，但逆市性不可能一直持续，如果大盘再度下探，强势股也势必受到影响。因而，5 月 24 日在指数早盘大低开跳水的背景下，个股受

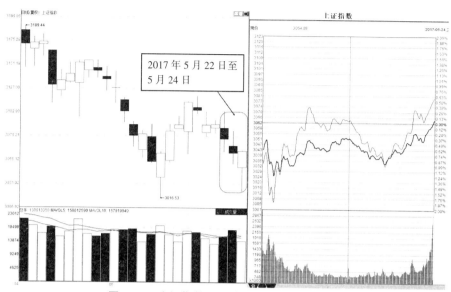

2017 年 5 月 22 日至
5 月 24 日

图 23-4 上证指数 2017 年 5 月 24 日分时图

到了较强的影响。

个股的强势突破性固然重要，但个股走势不能脱离市场整体环境，既然个股走势已经开始受到市场影响，那么，短线操作上，分析指数的走势就显得十分重要了。从图 23-4 左侧 K 线运行来看，指数的前期已有一定跌幅，短线走势上又是企稳区的二次探底，空方力量得到了较为充分的释放，当日的探底回升就显示了此点位的市场承接力较强，因而，随后企稳回升的概率较大。

（7）综合分析，在指数企稳回升概率较大，个股的短线突破又较为强势、突破点市场抛压较轻的背景下，个股在 5 月 24 日、25 日的盘中低点（股价接近于 5 月 16 日突破点的收盘价），仍是一个较好的短线入场时机。而对于之前已经买入此股的投资者来说，短线上仍可持股待涨。

# 23.4　分析总结

　　好的量价形态虽然能够预示上涨，但只是一个或然性的概率事件，个股的走势受到很多因素影响，如果个股在向上突破时恰逢市场出现调整，或者市场风格出现了快速切换，此时，我们要分析这些不利因素对个股走势的影响，并通过盘面上形态的变化及时分析，如果不利因素的影响只是暂时的，个股的多空力量对比格局并未出现明显扭转，则短线操作上，仍可继续看涨；反之，则应追随市场的变化并在操作策略上及时做出调整，不可主观臆断。

# 第 24 章　追踪震荡区跌有量涨无量

## 24.1　图示形态

图 24-1 为信立泰 2017 年 5 月 5 日至 7 月 20 日走势图，在个股中短线涨幅较大之后，开始出现了明显震荡滞涨，这种震荡打破了原有的上升节奏，可能是筑顶的信号，也可能是上升途中一次持续时间较长的整理过渡环

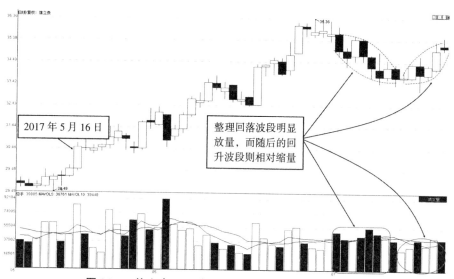

图 24-1　信立泰 2017 年 5 月 5 日至 7 月 20 日走势图

节，我们可以借助于震荡区的量价配合来分析、判断。如图中标注，在震荡回落波段，成交量呈放大态势；而随后的震荡回升波段则相对缩量（即成交量小于之前的震荡回落波段），这就是"震荡区跌有量涨无量"的量价形态。

# 24.2　问题思考

思考 1：震荡区的下跌带量、回升缩量的组合方式蕴含了怎样的多空含义？

思考 2：除了量能的变化，是否还应关注上涨波段与下跌波段的时间长度？

思考 3：个股前期是以相对缩量的方式实现了低位突破（参见第 22 章），这多代表着主力控盘能力较强，若在累计涨幅不是很大的位置点出现中级调整且个股有业绩支撑，这是否预示着中线入场机会的再度出现？如何结合"股价位置点"及"这种量价组合"来控制仓位？

# 24.3　推演式分析流程

（1）在多方占优的市场格局下，上涨波段的量能应大于随后的回落波段（或者是下跌波段的量能应小于随后的回升波段），简言之：回落波段的相对缩量（或者是快速缩量）代表着抛盘少，回升波面的相对放量代表着买盘入场积极，这种量价组合才能更好地推升股价继续上涨。

在震荡区内（特别是处在相对高点的震荡区），如果回落波段带量而回升波段则相对缩量，它所蕴含的信息就是：震荡区的抛压较重、入场买盘力度则较小。多空力量对比格局的变化，预示着个股再度突破震荡区向上运行的难度较大，中短线操作上，当个股相对缩量回升时，宜减仓或清仓，以规避随后再度跌回落甚至跌破震荡区破位下行的风险。

（2）除了量能的变化，我们还应关注上涨波段与下跌波段的时间长度。上涨波段的时间长于随后的下跌回落时间，这是"牛长熊短"的组合方式，也是多方力量占优的表现；反之，则是空方力量占优的表现。在震荡区内，如果股价回落波段的持续时间较长，则属于"牛短熊长"的震荡方式，多会造成股价重心的缓缓下移，是空方力量在震荡区相对占优的标志。从图 24-1 中可以看到，个股震荡时就呈现了"牛短熊长"的特征，因而，这是一个中短线看跌的信号。

（3）综合前面的分析，这个相对高位的震荡区或将预示着原有升势的转折，因而，震荡区内的缩量回升时，应及时地减仓或清仓。

但是，结合此股当前的位置点来看，股价虽然触及了历史高点，但个股自突破低位整理区后，累计涨幅并不是很大，上涨方式是以稳健的震荡式攀升而不是快速飙升，并且基本面上有良好的业绩作为支撑。从技术形态上分析，2017 年 5 月 16 日的相对缩量及此前的逆市整理，都彰显了主力资金相对较强的控盘能力。虽然当前的震荡区出现了下跌信号，但这或许只是一次中级调整的信号，并非大趋势的转向信号。

对于这种业绩优秀、估值相对合理且震荡上扬走势较为稳健的个股，当它出现中级调整信号时，我们不妨将 K 线时间轴拉伸，借助于趋势线（即支撑线）来寻找它的中级调整位置点，以此来把握随后再度入场布局的时机。

图 24-2 为信立泰 2015 年 4 月至 2017 年 9 月走势图，在这幅横跨两年多的长期走势图上，我们可以看到，在 2015 年跟随股市大跌之后，个股自低位区出现了长期、稳健的震荡攀升格局，我们可以通过连接震荡低点的方法画一条近似的支撑线，它代表着大趋势前进过程中的强支撑点位。图中标注了前面分析的这个"下跌放量、回升缩量的震荡区"，它代表着中级调整走势的出现，而当股价随后回落至支撑线附近时，就是我们再度入场、中线布局的好时机。

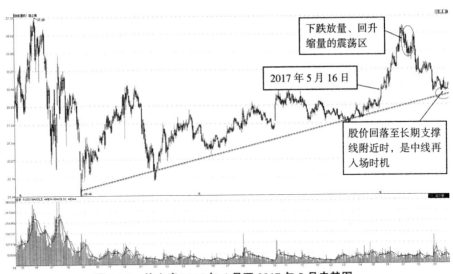

**图 24-2　信立泰 2015 年 4 月至 2017 年 9 月走势图**

（4）除了利用趋势线的方法外，我们还可以从量价角度寻找中级调整的信号，此股就给出了这个明确的信号：低位大幅放量跳水后的企稳。

图 24-3 为信立泰 2017 年 5 月 16 日至 9 月 27 日走势图，个股经历了两波下跌及一个整理平台之后，再度破位下行，如图标注，连续两日（2017 年

**图 24-3　信立泰 2017 年 5 月 16 日至 9 月 27 日走势图**

8月25日、28日）收于长阴线且大幅放量，这就是"低位大幅放量跳水"
形态。放量跳水虽然是抛压沉重的信号，但是，当其出现在连续下跌后的低
位时，可以看作是空方力量过渡释放的信号，随后的走势有望企稳回升
（或出现强势反弹），是一个中短线入场信号。但是，快速下跌时的抄底风
险相对较大，实盘操作上，在个股未明显企稳的情况下，起初只宜轻仓、试
探性买入，随后，再结合个股的反弹（或企稳）的运行特征，实施加仓或减
仓操作。

（5）在图24-1中，如果我们仔细观察，就会发现此股在相对缩量突破
（2017年5月16日）后的上升过程中，有一个交易日收于放量大阴线（如
图24-4所示，2017年6月2日），它的形态特征较为鲜明，打破了稳健的
上升节奏，那么，如何分析这个"不利"因素呢？

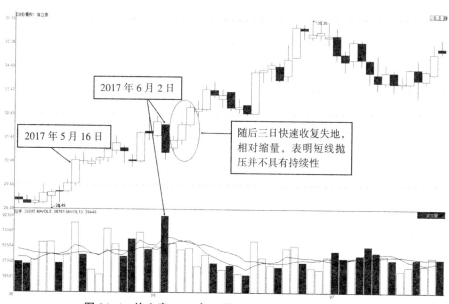

**图24-4　信立泰2017年5月5日至7月20日走势图**

从放量幅度来看，当日只是相对放量，并非巨量，这表明卖盘或并非来
自于引导股价上行的主力资金，仅仅是场内的部分持股者集中抛售所致。结
合当时消息来看，个股在2017年6月1日晚间发布了一个公告："公司控股

股东香港信立泰 6 月 1 日通过大宗交易减持 1230.08 万股，占公司股份总数的 1.18%，受让方为公司员工持股计划。成交价 28.44 元/股，该笔交易是以当日跌停价成交。"

这是一个对二级市场走势偏利空的消息，6 月 2 日的低开低走就是二级市场对这则消息的一个反映，但消息面只是一个偶然因素且利空程度轻微，一般来说，这种类型的消息（即不属于业绩变脸、重组失败等对个股影响力度大的消息类型）只会在个股原有运行轨迹中造成一个小"涟漪"，而不是改变运行轨迹。此股当时正处于突破后的上升轨迹中，如果随后能快速、强势地收复这个小"涟漪"并引发短暂下跌，则中短线操作上仍可按原有的交易思路操作；反之，则要考虑多空力量对比格局是否发生了变化并及时调整交易策略。

# 24.4　分析总结

当价格走势在原有的运行轨迹中被打乱节奏后，我们应仔细、全面地分析"因素"所在，看看这个"因素"的程度如何，是轻微的，还是重大的？是只会造成短暂的波动，还是导致走势的转折？一般来说，市场的波动加剧、突发的消息是两个常见"因素"，在分析市场波动时，我们要关注指数的中短线运行情况、当前的位置区（是相对高点，还是低点）；在分析消息面时，我们要关注消息面的利好（或利空）程度。在此基础上，结合个股的量价变化，看看这些"因素"是否改变了原有的多空力量对比格局，就可以对个股随后的走势做出更好的预测了。

# 第 25 章 案例 4 反转四边形后缩量确认

## 25.1 图示形态

图 25-1 为思美传媒 2017 年 5 月 15 日至 9 月 26 日走势图，个股在大幅下跌后开始震荡攀升、逐底升高，将震荡攀升过程中的相邻高点连接、相邻低点连接，可以得到一个倾斜向上的四边形，随后，个股出现调整向，当股

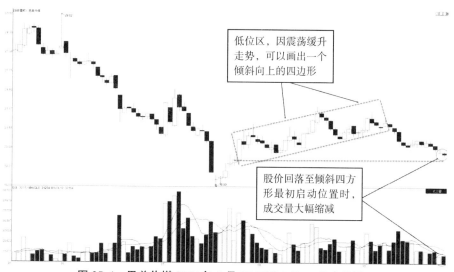

图 25-1　思美传媒 2017 年 5 月 15 日至 9 月 26 日走势图

价接近这个倾斜四方形的最初启动位置点时，可以看到成交量的明显缩减，这就是"反转四边形后缩量确认"组合形态。

# 25.2    问题思考

思考 1：低位区倾斜向上的四方形可能是反转的信号，但它也可能是下跌途中的一次中继整理（可称为反弹型四边形），如何区分反转型的四边形与反弹型的四边形？

思考 2：缩量确认时的位置点一定是四边形最初的启动位置点吗？

思考 3：是否可以借助于分时图把握缩量确认时的最佳买入时机？

# 25.3    推演式分析流程

（1）在判断倾斜向上的四边形是反转性质还是反弹性质时，我们一是要结合个股之前的中短线下跌幅度，这个四边形最好是出现在中期跌幅较大、短线快速下跌之后的位置点；二是要分析四边形构筑过程中的量价配合关系，"上涨波段放量、回落波段缩量"的组合方式是四边形储蓄多方力量的标志。

（2）股价向下跌破四边形并出现明显的缩量时，是这一组合形态的关键点；因为对缩量确认点的判断，直接决定着我们的买入时机。一般来说，缩量确认点可以是四边形的最初启动位置点（如图 25-1 所示），也可以是四边形的中线位置点（结合同期市场来分析）。

（3）缩量确认时，只表明个股短期内的走势再度向下的概率较小，并不一定预示随后将有较为强势的短线上涨，为了更好地把握入场时机，我们可以借助于分时图形态。一般来说，跳空高开、早盘的相对强势，是短线启动的标志性信号，也是缩量确认后的盘中入场时机。

（4）下面我们将图 25-1 进行更为细致的划分，从量价关系着手分析，这样可以更好地借助于形态特征展开实战交易。

图 25-2 为思美传媒 2017 年 5 月 15 日至 9 月 26 日走势图，图中划分了四段走势，在"走势 1"中，这是一波放量下跌，它出现了中线持续下跌之后的低点，个股短期内的空方力量得到了有效释放，一旦买盘入场，出现强势反弹的概率较大，仅从短线交易来看，放量跳水后的企稳点是一较为理想的抢反弹入场点；"走势 2""走势 3"均是"放量上涨+缩量回调"的组合，这是一种健康的量价关系，此时它们构筑了一个倾斜向上的四边形，这个四边形可以看作是积蓄多方力量的过程，但反转的行情不会一蹴而就，对于中线交易来说，我们应耐心等待回落后逢低入场时机。

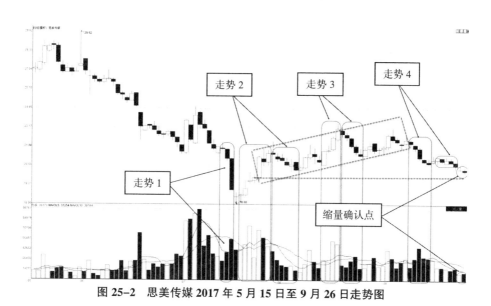

图 25-2 思美传媒 2017 年 5 月 15 日至 9 月 26 日走势图

在"走势 4"中，这是一个"放量回落+相对缩量整理"的组合，表明这一波回落时的抛压相对较重，因而，随后的相对缩量整理平台并不是最佳入场点。随后，股价再度小幅滑落，连续两日的成交量再度缩量，这就是图中标注的"缩量确认点"，此时的成交量已经达到了极度缩量的状态，短期内的空方力量大幅减弱，可以视为一个中短线入场点。

（5）结合分时图启动形态是把握短线入场时机的好方法。利用日 K 线图上的量价配合关系，我们可以大致判断股价的中短期运行方向，这是建立在良好市场环境的基础之上。如果能在此基础之上结合分时图形态，将使我们能更好地规避短线波动风险。在分时图出现启动信号时入场，意味着个股短线走势已开始呈强势特征，即使大盘于当日出现了一定的波动，个股的强势特征也能在当日给予一定的风险抵挡。

图 25-3 为思美传媒 2017 年 9 月 27 日分时图，个股当日小幅高，随后是震荡上扬、均价线形成了有力支撑，这是一个强势型的分时形态，结合前两日的"缩量确认点"来看，当日早盘的强势分时图或标志着回调整理结束、短线反攻走势的展开，此时的早盘涨幅在 2% 附近，幅度不大，追涨风险较小，可以第一时间买股入场。

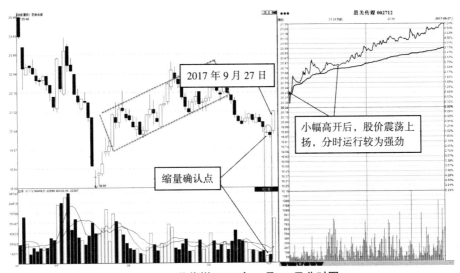

**图 25-3　思美传媒 2017 年 9 月 27 日分时图**

## 25.4　分析总结

　　利用倾斜向上的四边形把握中期反转行情时，四边形的构筑过程十分重要，这应是一个上扬节奏相对稳健但量价配合理想的震荡过程，而且，它应出现在中期走势下的相对低点。实盘中，由于受到大盘走势的影响，四边形的构筑过程可长可短，但在四边形的构筑过程期间，个股的走势不应弱于同期大盘，否则的话，就体现不出积蓄多方力量这样的信号。

# 第 26 章  追踪滞涨中的巨量长影线

## 26.1  图示形态

图 26-1 为思美传媒 2017 年 8 月 9 日至 11 月 17 日走势图，个股在 2017 年 11 月 17 日的量价形态十分鲜明，当日收于长长的下影线且放出巨量，结合此前的连续多日的横向滞涨走势来看，这是一个出现于滞涨区的巨量长影线形态。

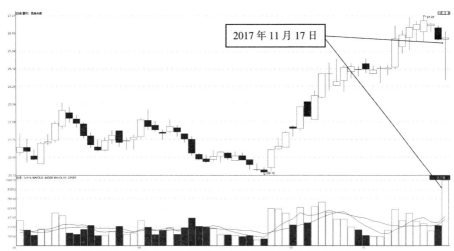

图 26-1  思美传媒 2017 年 8 月 9 日至 11 月 17 日走势图

# 26.2　问题思考

思考 1：什么样的 K 线形态属于滞涨走势？

思考 2：滞涨走势中的巨量长影线蕴含了怎样的多空信息？巨量长上影线与巨量长下影线是否有着不同的多空含义？

思考 3：除了巨量影线形态外，滞涨走势下还有哪些量价形态是短线卖股信号？

# 26.3　推演式分析流程

（1）"滞涨"是一种较为特殊的 K 线走势，它的出现可能缘于个股同期走势弱于大盘，即同期大盘稳健攀升，而个股则上涨乏力；也可能是个股走势先强后弱的表现，即个股起初上涨势头较强，随后的攀升走势则明显乏力。滞涨走势有两种具体表现形态：一种是以连续小阳线为主的缓缓攀升格局，虽然接连收于小阳线，但很多小阳线是低开高走型的且上涨幅度很小，从而使得个股短线涨幅很小；另一种则是股价重心横向运行的格局，这种滞涨走势一般要以同期的放量特征来确认，否则的话，只宜看作是横向整理走势。

（2）长影线是个股盘中波动幅度较大的标志，代表着多空分歧明显。在理解长影线的市场含义时，我们要结合股价位置点来考虑。

短期高点的长上影线，可以看作是多方上攻遇阻、逢高抛压加重的信号。短期高点的长下影线，是空方抛售力度增强，但遇到了多方有力承接的信号，如果个股短线涨幅较小，这个长下影线对多方力量的消耗不会过大，短期内仍有望继续上扬；但如果中短线涨幅较大的话，这个长下影线就蕴含了较强的下跌含义，虽然当日多方有力地承接了空方的抛售，但由于短线涨幅已经较大，多方力量本就不是十分充足，当日的长下影线对于多方力量的消耗会较大，往往预示了多空力量对比格局或将转变。

短期低点的长下影线，可以看作空方抛售获得多方有力承接，由于此时处于相对低点，这是多方力量转强的信号。短期低点的长上影线，这是多方在低点发起上攻的信号，但在盘中仍旧遇到了较强的抛压。

实盘操作中，短期高点的长上影线实战意义较强，它多预示着短线的调整；短期低点的长下影线实战意义较强，它多预示着反弹行情的出现。但是，我们也要观察长影线在分时图上的表现方式，如果是股价"闪冲"导致的长影线，则实战性不强，因为它并没有体现多空双方的交锋过程，因而也就难以反映多空力量的转变。

（3）成交量的大小代表着多空双方的交锋力度，也代表着买卖盘的出入力度。当长下影线伴以巨量的组合方式出现在短线高点时，它一方面体现了强烈的多空分歧，另一方面也表明当日多方的消耗力极大。因而，这是一个短线调整信号。

（4）在本案例（图26-1）中，短线高点其实出现了两个卖出信号，一个是滞涨走势，另一个就是巨量的长影线形态。两者形成共振（即预示着相同的价格走向），个股的短线调整幅度或将很深，操作中应及时卖股离场。之所以将个股巨量长下影线之前的"连续小阳线组合"称之为滞涨走势，是因为个股此前有着强势的上攻形态，这段时间的"连续小阳线组合"并不强于同期大盘走势，这就预示了个股上攻势头已由强转弱，可以说，个股的"滞涨"是在综合分析其自身走势特点并比照市场运行基础之上得出的一种判断。

（5）除了巨量影线形态外，滞涨走势中还有一些典型的量价关系是中短线卖股信号，这就是"滞涨式放量"，在前面的章节中，我们已进行了详细讲解，此处不再赘述。

（6）对于此股来说，巨量长下影线的次日量价形态值得关注。如图26-2

所示，2017 年 11 月 20 日的成交量突然大幅缩减，与前一日的巨量形成了鲜明的反差效果。量能代表着多空双方的交锋，如果成交量大小更多地来源于市场散单或是众多市场游资的参与，则量能的增减有一个相对连续的过渡，不会忽大忽小（涨跌停板及消息面因素等特殊情况除外），这也从另一个角度预示：此股或有持筹码数量较多的主力资金参与。

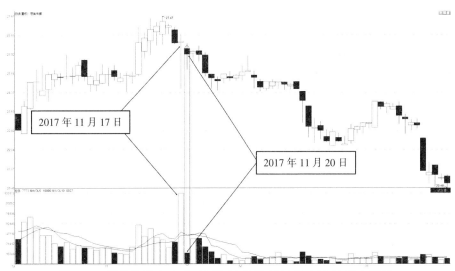

图 26-2　思美传媒 2017 年 10 月 11 日至 2018 年 1 月 19 日走势图

巨量的长下影线及滞涨走势彰显了高点抛压的沉重、主力无意再度拉升，这种走势多与主力的出货行为相关，而当日（11 月 20 日）的极度缩量又表明市场对此股的参与力度很低，因而，主力想要成功出货势必要大幅度地打低股价才能引起市场关注，这也预示了个股随后的中线下跌空间或将较大，对于投资者来说，得出这样的结论后：我们就不应在个股短线回落企稳后抄底入场了，因为此时抄底很有可能抄到了下跌途中的半山腰。

# 26.4 分析总结

　　当个股在短线高点先出现滞涨走势，随后出现非突破型的单日巨量形态（可能是长影线，也可能是小阳、小阴线，但不是突破型的长阳线），这多预示着高点的抛压突然大幅增强，个股随后出现深幅调整的概率也在加大，操作中，应及时卖出以规避中短线风险。

# 第 27 章　案例 5 瀑布式下跌后的放量企稳

## 27.1　图示形态

图 27-1 为海欣股份 2017 年 3 月 13 日至 6 月 9 日走势图，个股在横向整理之后开始向下破位运行，下跌的速度快、幅度大，这是"瀑布式下跌"，随着跌幅的加大，出现了一波成交量放大显著、股价创出新低的走势，但随

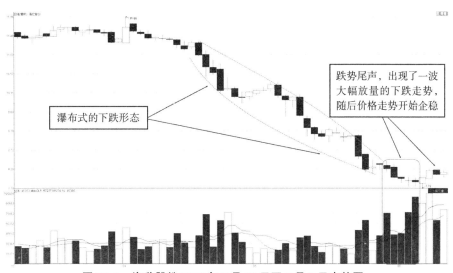

图 27-1　海欣股份 2017 年 3 月 13 日至 6 月 9 日走势图

跌势尾声，出现了一波大幅放量的下跌走势，随后价格走势开始企稳

瀑布式的下跌形态

后价格走势明显企稳，这就是"瀑布式下跌后的放量企稳"形态。

# 27.2　问题思考

思考 1：中短期大幅下跌之后的低点位，此时再度出现的放量下跌（或放量企稳）蕴含了何种多空含义？

思考 2：若向下跌破盘整区时就出现了明显的放量，随后出现企稳走势，这种组合方式是否也可以看作是相似的形态（相对"瀑布式下跌后的放量企稳"形态而言）？

思考 3：这属于一种抄底策略，如何结合量能的放大程度规避过早抄底的风险？即如何区分"下跌途中的放量下跌企稳"与"下跌尾声的放量下跌企稳"？

# 27.3　推演式分析流程

（1）个股再度放量下跌且量能放大显著，这种形态出现在跌势初期时，它是抛压沉重、空方完全占据主导地位的标志，但是，如果在中期累计跌幅较大、短期低点时，它往往可以看作是空方力量释放过度、市场处于超卖状态的标志。

从走势来看，过大的中短线跌幅已经较为充分地释放了个股风险，只要此前的下跌不属于极为重大的利空消息所致（例如，退市风险、巨额亏损等），一般来说，此时一旦有企稳迹象，短线出现反弹、中线出现反转的概率较大。

（2）个股在刚刚跌破盘整平台时，往往也会出现放量下跌形态，但这时的下跌放量属于空方充分蓄势后的发力所致，空方的抛售才刚刚展开，因而，这一波放量下跌后的企稳并不能预示着反弹（或反转）走势出现。实盘分析中，我们一定关注股价的位置点，并将"跌势初期的放量下跌企稳"与"深幅下跌后的放量下跌企稳"这两种形态加以区分。

（3）在下跌途中抄底入场，是一种风险相对较大的中短线交易方式，但是，快速、深幅下跌的走势往往与市场的非理性抛售行为有关，一旦价格走势企稳、市场情绪平复，随之而来的中短线反弹空间往往也是极大的，因而，它蕴藏着较好的获利机会。

为了更好地规避风险，在下跌途中利用"放量下跌企稳"形态来把握反弹或反转时机，一定要注意两方面，一是中短线跌幅够深，如果放量阴线形态出现在刚刚跌破盘整区时，此时的下跌行情刚刚展开，随后出现的企稳平台显然不是抄底时机；二是放量下跌波段的"放量"形态较为鲜明，量能的放大要较之前的均量水平有显著的放大，不能仅仅是小幅度的温和式放量。

图 27-2 为海越股份 2017 年 11 月 23 日至 2018 年 3 月 12 日走势图，虽然同样是放量阴线形态，且图中标注的这两日下跌放出的量能更大，但由于这两日出现在刚刚跌破盘整区时，中短线跌幅不够深，因而随后的短线企稳

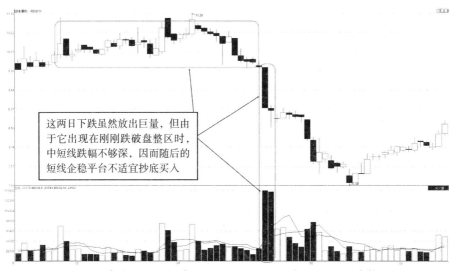

这两日下跌虽然放出巨量，但由于它出现在刚刚跌破盘整区时，中短线跌幅不够深，因而随后的短线企稳平台不适宜抄底买入

**图 27-2　海越股份 2017 年 11 月 23 日至 2018 年 3 月 12 日走势图**

平台并不适宜抄底买入。

# 27.4 分析总结

　　放量阴线是一种常见的形态，它在大多数时候都是风险的信号，是抛压沉重、空方占据主导地位的标志，因而，在利用这种形态把握抄底时机时，我们一定要注意个股的走势特征，只有当其出现在中短线跌幅较大的位置点时，才可视作短期内空方力量释放过度的信号，也才能考虑短线抄底。

# 第 28 章　追踪盘中巨量
# 上冲后折回

## 28.1　图示形态

图 28-1 为海欣股份 2017 年 8 月 8 日分时图，个股在尾盘阶段的波动方式较为特殊，先是出现了一波流畅上冲，随后快速折返且期间放出巨量，这属于"盘中巨量上冲后折回"形态。

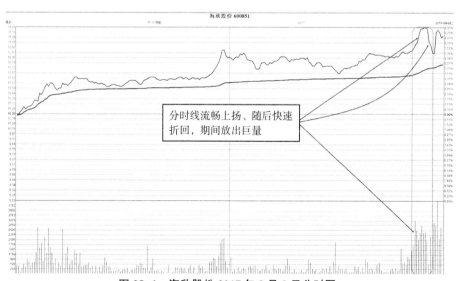

分时线流畅上扬、随后快速折回，期间放出巨量

**图 28-1　海欣股份 2017 年 8 月 8 日分时图**

# 28.2　问题思考

思考 1：盘口的流畅上扬伴以成交量同步放大，这是盘口的量价齐升形态，哪些情形下的盘口量价齐升形态适宜短线看涨？

思考 2：盘口中的上扬波段放出巨量、随后快速折返，体现了什么样的多空信息？短线交易应如何操作？

# 28.3　推演式分析流程

（1）盘口的量价齐升形态一般是缘于大买单连续向上扫盘所致，是个股盘中表现呈强势特征的典型标志之一，但这也并非意味着它一定预示着短线上涨的开始。一般来说，只有当"短线涨幅较小""股价能站稳于盘中的相对高点""分时线在收盘前不向下黏附或跌破均价线"这三个条件满足时，才是当前多方力量占优、上攻意图较强的信号，也才能相对可靠地预示着短线的上涨走势。

（2）盘中的流畅上扬若放出巨量（可以通过日 K 线图了解当日的放量情况），这代表着盘中上扬时遇到了较强的抛压，这对个股短期内的上涨动能消耗较大；随后马上出现的折返回落，正是买盘跟进力度减弱导致的。因而，当这种盘口形态出现后，若个股正处于短线上涨后的高点，这很有可能是多空力量对比格局将要转变的信号，操作中，应警惕调整风险。

但是，出现这种盘口形态并不一定预示着调整，对于一些短期内市场关注度高，特别是有题材支撑的个股来说，后续入场的买盘承接力度也可能会增强，因而，实盘操作中，出现这种盘口形态后的次日是一个关键时间点，如果买盘入场速度能够及时跟进并继续推升个股的话，那么，个股的量能就可以持续放出，从而出现量价井喷行情；反之，则是短期将要调整的信号。

（3）图 28-2 为海欣股份 2017 年 5 月 3 日至 8 月 9 日走势图，个股在 2017 年 8 月 8 日正处于加速突破上涨走势中，当日的分时图出现了盘中巨量上冲后折回形态，从日 K 线图来看，当日的成交量也极度放大，但是，次日的量能突然大幅缩减且当日走势较弱，从而使得 8 月 8 日的成交量表现为脉冲式放量形态，结合个股中短线涨幅较大的情形来看，这是中期调整或将出现的信号，应卖股离场、规避风险。

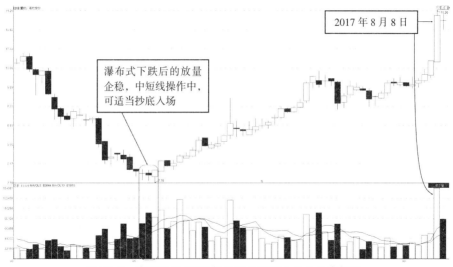

2017 年 8 月 8 日

瀑布式下跌后的放量企稳，中短线操作中，可适当抄底入场

图 28-2 海欣股份 2017 年 5 月 3 日至 8 月 9 日走势图

# 28.4 分析总结

为了更好地观察盘中上扬或跳水时的量能放大程度，我们一定要结合日 K 线图，除此之外，还要结合股价所处的位置点，同样的盘口放量上扬或跳

水形态，当其出现在不同位置点时，所蕴含的多空信息可能完全相反。例如，盘中放量上扬遇折返，这种盘口形态在本章的讲解中，它出现在中短线的高点，因而视作多方力量消耗过大、上攻遇阻的信号，也是股价走势或将出现调整的信号，但是，如果当其出现在中短线大跌之后的低点时，则可以视作买盘加速入场，只是暂时遇到了一定的抛压阻挡，由于反弹上涨行情刚刚展开，空间仍然很大，一般并不适宜短线看空。

# 参考文献

［1］韩雷. 新股民看盘交易必读全书 ［M］. 北京：人民邮电出版社，2011.

［2］韩雷. 操盘术——跨越表象与内因的鸿沟 ［M］. 上海：上海财经大学出版社，2013.

［3］韩雷. 短线为王之——掘金成交量 ［M］. 北京：经济管理出版社，2009.